光尘
LUXOPUS

婚姻的考验

Andrew
G. Marshall

How
Can I Ever
Trust You Again

［英］安德鲁·G. 马歇尔 —— 著

白永明 —— 译

中信出版集团｜北京

图书在版编目（CIP）数据

婚姻的考验 /（英）安德鲁·G. 马歇尔著；白永明
译 . -- 北京：中信出版社，2023.1
书名原文：How Can I Ever Trust You Again?
ISBN 978-7-5217-5020-1

Ⅰ.①婚… Ⅱ.①安… ②白… Ⅲ.①婚姻－通俗读
物 Ⅳ.① C913.13-49

中国版本图书馆 CIP 数据核字（2022）第 225029 号

婚姻的考验
著者：　　　〔英〕安德鲁·G. 马歇尔
译者：　　　白永明
出版发行：中信出版集团股份有限公司
　　　　　（北京市朝阳区惠新东街甲 4 号富盛大厦 2 座　邮编　100029）
承印者：　北京中科印刷有限公司

开本：880mm×1230mm 1/32　　印张：10.75　　　字数：168 千字
版次：2023 年 1 月第 1 版　　印次：2023 年 1 月第 1 次印刷
京权图字：01-2021-0982　　　书号：ISBN 978-7-5217-5020-1
　　　　　　　　　　　　　　　定价：59.00 元

目　录

前　言

几乎每五对来找我咨询的夫妻中，就有一对需要摆脱出轨的困扰，出轨是婚姻咨询领域的第四大常见问题。根据"英国性幻想研究项目"（British Sexual Fantasy Research Project）的数据，55% 的成年人曾有过外遇；20 世纪 40～50 年代，阿尔弗雷德·金赛在美国进行的开创性研究发现，26% 的已婚女性和 50% 的已婚男性曾对配偶不忠。后期的研究也得出了类似的结论。如果算上所有同居或约会的情侣，这个比例会更大。因此，有时我感觉痛苦、背叛和伤害的浪潮淹没了我的办公室。

然而，我们听到的并不全是坏消息。不忠可能是一个可怕的危机，但"危机"这个词在中文中是由两个词组成的：危险和机遇。如果你是在发现另一半出轨后买这本书的，或者是因为自己出轨导致关系岌岌可危，那你对外遇的"危险"再清楚不过。我写这本书的目的是让你看到"机遇"。伴侣的不忠会把生活搞得天翻地覆，甚至会让你怀疑一切。太担心对方再度出轨，什么都往坏处想，导致你不得不做出改变。有时，客户会发牢骚："我只想找回以前的生活。"这是不可能的。但如果你能从危机中抓住机遇，就能收获更深刻、更长久、更美好的关系。

我是怀着最大的同理心写这本书的（很少有人是故意出轨的，当然，也有例外）。这本书主要是讲当一个人发现另一半的出轨行为后该怎么办，因为他们通常受伤害最大、最需要答案，但每章都有一栏是专门写给出轨方的。我希望爱侣们能一起分享这本书，并利用书里提供的方法更好地沟通。如果你是三角关系中的第三者，从本书中获得的直接利益会很少。然而，我希望本书能让你深入了解介入别人婚姻的后果。如果你的地下恋情已经终结，这本书会帮助你疗伤。

在写这本书的过程中，我汲取了 30 余年婚姻治疗的经验，访谈过一些没有向我咨询过的人，还让受访者们在我的网站上填写了调查问卷。（英国几家主流报纸和网络媒体赫芬顿邮报刊登了这项研究。我从世界各地总共获取了 31 500 份问卷。68% 的人发现伴侣不忠，32% 的人出过轨，而这些出轨的人中将近一半瞒过了伴侣。）为了保护隐私，我将两三个案例混在一起讲述。我一如既往地感谢所有与我分享自身经历的人。我希望这本书能够帮助大家理解发生的事情，照亮前路。

– 如何使用这本书 –

- 每一章的主体部分是写给被出轨方的。

- 每一章的结尾都有写给出轨方的寄语。后面有一节，是关于该阶段的特别教训以及整章概要。

- 如果你和你的伴侣都能读完整本书，那就最好了。不过，我已经设计了一个方案，即使你的伴侣只读他的部分，也能发挥作用。

- 也许你的伴侣不相信自助书籍或者早就对你们的未来不抱期待。不用担心，这个方案会帮助你更好地和他相处。三思而后行，你将会变得更加淡定。这反过来会对你的伴侣产生积极的连锁反应，使你俩能够默契合作。

- 通读方案，对整个疗愈过程有个大致的了解，然后再关注你所处的特定阶段。

- 如果你感到沮丧、压力很大或充满危机感，请翻回上一章。有可能是你错过了一些重要的过程，得重新审视这些被你疏忽的环节。

- 深呼吸，保持冷静。生活会好起来的。

安德鲁·G. 马歇尔

震惊与怀疑

Shock and disbelief

发现出轨

愈合伤口

信任、坦诚和同理心是构建良好婚姻的三大基石。信任伴侣，就无须每分每秒都猜忌对方在哪里，或者在做什么；如果婚姻出现问题，希望彼此可以坦诚相待；遇到困难时，希望伴侣也能为我们着想，对我们的遭遇感同身受。生活的美妙在于，我们愿意以同样的方式回馈伴侣。有了信任、坦诚和同理心，夫妻间不仅可以共享幸福，还可以共渡难关。可惜，在日常交谈中，我们很少提及信任、坦诚和同理心，觉得这些就像食物、水和房子一样普通，理所当然地不在讨论之列。只有当伴侣不忠、伤害我们的感情、破坏婚姻时，我们才会意识到信任、坦诚和同理心的基石是多么的不牢固。

　　如果你的伴侣出轨了，或者你怀疑伴侣出轨了，又或者是你自己出轨了，那你应该非常清楚破镜重圆是多么困难。你可能担心感情的裂痕已经无法弥合，或许你根本不想去争取，连尝试的意愿都没有。你们之间的信任水平一直处于低谷，彼此间愤怒多于同情。最糟糕的是，你怀疑自己能否再次信任对方，或者再次被对方信任。我想告诉大家的是，你们不仅能够走出这种困局，还可能拥有更牢固的关系。当然，你可能会心存怀疑，但必须试着去"信任"。

本书就像是一次婚姻的旅程，从隐约怀疑到真正发现伴侣出轨，再到对伴侣心生同情（换位思考你被欺骗了），再接着互相坦白内心想法（无论你是被出轨方还是出轨方，都同样重要），最终回归最基本且最重要的基石——信任。一路上，有怀疑、有痛苦、有绝望，但也时刻伴随着希望。你会在你们俩身上发现很多以前没有注意到的东西。无论发生什么，你都会勇敢、睿智、坚强地走出困境，变得更有智慧、更强大。

－ 让真相浮出水面 －

在真正发现对方出轨之前，你总会产生些许的怀疑，预感有些地方不对劲，惴惴不安，而且这种感觉日益强烈。你的伴侣总是工作到很晚才回家，表现得心神不宁，易怒且容易情绪失控。而所有这些你都找不到、问不出合理的解释。他开始很在乎自己的外表，或者总是谈论某个同事。这些变化可能有一万个理由，其中很多都是无伤大雅的。实际上，你内心深处觉得你的伴侣不可能出轨。对方出轨这种想法对你来说，难以置信也难以接受，所以你干脆把它抛在脑后。你开始为对方找借口，把这一切归咎于工作压力、经济问题或者孩子们——无论是幼童、青少年或是已经成家的孩子，埋怨这些让你的伴侣分心。你也开始安慰自己，认为"没有一段感情是一帆风顺的"，或者希望"繁忙的工作结束后，一切都会好起来"，于是就放下心来，继续埋头做你的事。不幸的是，你们的关系只会继续恶化，一点一点地变坏，当你意识到问题时，事情已经变得相当糟糕。因为，往往只有回头看时，才会看清所有的蛛丝马迹。

42岁的梅兰妮说："我爱人上卫生间时也带着手机，我觉得这有点奇怪，孩子们也为此取笑他。后来，我发现他有婚外情。这时，我才意识到卫生间是最适合他发私密信息的地方。我真是瞎了眼！"

"那天我忘记了一份重要的报告，所以不得不开车回家去取。我看见她从学校的另一道门走出来，从我们家去那道门要多走十分钟的路。她总是抱怨自己很忙，为什么还要走那么远的路呢？"35岁的格雷戈里发现妻子把孩子送到学校的另一个校门时，感到很困惑。他问妻子，妻子狡辩并指责格雷戈里在监视她。这件事就这样不了了之。但后来他才知道，这是妻子外遇的开端。"她希望在那个校门碰见那个男人。"

旁观者清。凯伦的丈夫过去有过出轨行为，而且她也发现丈夫有些异常——表现冷淡，晚上总是莫名地疲倦，时常坐立不安，有时还会说梦话——但还是没有立刻意识到他的解释很不靠谱。"他开始每周至少两天不回家，有时周末也不回。他说他在内阁办公室有一项重要的程序要做，就住在白厅的一套公寓里。在那里，他的手机没有信号，我可以给他留言，第二天他会回电话。直到我最小的弟弟指出问题，我才发现自己是多么愚蠢。"事后看来，这些担忧显然并不全是想象出来的。

在白厅安装电脑系统的人，有些可能真的被要求周末加班。人们确实也会突然决定绕路去学校，或者出门前洗个澡，或者从手机通讯录中删除以前的联系人。这些行为可能与出轨毫不相干，并不是什么确凿的证据。那么，该如何区分合理的担忧和多疑的想象呢？

1 测测你们关系的平常温度

你们每天的相处如何？相互倾诉并分担忧虑吗？你是否经常感到压力很大，以至于没时间去倾听伴侣的心声？家里的气氛和一年前相比，是否有明显的变化？也许这些问题的答案令你担忧，但不要急着下结论，也先别去怪罪你的伴侣。这可能是你的早期预警系统监测到了一个将要出现的问题。也许，你的伴侣正在发展一种"特殊的友谊"，这种关系目前可能还处于"无辜"的阶段，你还来得及解决这个问题。火力全开可能会在你俩之间制造障碍，雪上加霜。你们需要的是更好的沟通。

小贴士：

抽出更多的时间和伴侣待在一起，这样自然会有机会讨论你们的关系。问问另一半是否快乐，这比宣布"我们需要谈一谈"好多了，因为这句话会让一些人立刻进入惊慌状态或防御模式。关于压力，问问另一半是怎么克服的，有没有感受到你的支持。如果你真诚地倾听，而不是急于评判，你的伴侣不仅会敞开心扉，还会感谢你的体贴，关注你的忧虑。

2 回顾你自己的个人历史

是否有什么原因让你比一般人更多疑？你通常有防备心吗？你的父母是否因为其中一方出轨而离婚？你以前的男友或女友是否让你很失望？你的另一半有过不忠行为吗？有些人可能会忽视明显可疑的行为，也有一些人对伴侣提出"不要和陌生人说话"的要求，哪怕是最寻常的对话也被看作是一种背叛。了解自己在这方面的容忍度是很重要的。所以问问你自己：我的担忧应该被重视，还是被忽略？如果你不是一个天生多疑的人，但你内心的警钟已被敲响，那就要仔细听。如果你像看门狗一样机警，邮递员在隔壁送包裹都会跳起来，那么还是再想想吧。（更多内容，请见练习部分的"如何调节多疑心理"。）

小贴士：

在很多情况下，人们确实有理由感到焦虑。事情是有点不对劲，然而，并不都是出轨。可能是你累了，觉得被忽视了；可能是你俩最近没怎么在一起。所以直接说出你的要求，例如"能抱抱我吗？"而不是攻击对方，强迫伴侣安慰你，许你片刻柔情。

3 查看你的思维过程

你有没有事后猜测或过度分析的倾向？你是否会花几个小时回顾所发生的事情，并试图从字里行间找出答案？你是否觉得很难做出决定，因为你反复考虑过各种可能性，以至于变得不知所措和精疲力竭？如果你对上述问题的回答是肯定的，但你以前并不是个太敏感的人，我猜很有可能出了问题。当一个人说谎时，情况会变得非常不稳定。缺少一个重要信息，你就无法看到全貌，感觉大脑快要爆炸了。然而，如果你平常总是想得太多，把许多不相干的、随机的事情组合成"板上钉钉"的案例，那么还是得有个"陪审团"才行。

小贴士：

与其让所有的不满和责备在你的脑海里翻滚，害自己越来越焦虑、越来越愤怒，不如试着把它们写下来。在一张纸上，列出所有的"证据"，无论是多么琐碎的小事，都要写下来。然后，再回顾一下这个清单，划掉那些现在看起来无关紧要或过于夸张的事情。接下来，把剩下来的每一项都仔细看一遍，在旁边注上理由。然后再看看，还有什么可以从清单上划掉。我和客户做这个练习时发现，通常会有一两个小问题是经过双方讨论就能解决的。（关于过度分析的问题，第五章有更多的介绍。）

4 试着和另一半讨论你对这段关系的担忧

当你谈到具体的忧虑时，你的伴侣会有什么反应？他认为你的看法是正确的吗？他是否真的有兴趣在你们的关系上下功夫？我曾经为一对夫妇提供咨询服务，男方被发现有外遇。无论我怎么努力，都毫无进展。六个月的沮丧甚至绝望之后，妻子发现丈夫还是偷偷地继续他的婚外情。当尘埃落定，关系真要终结时，他们又做了一次咨询。但这一次，我的咨询室的气氛发生了明显的变化。之前，丈夫的态度一直是不屑一顾，咄咄逼人。但这一次，他准备倾听和改变。如果你的伴侣的反应是过度轻视或盛气凌人，我会非常担心。如果你的伴侣只是在防御，那可能是他觉得受到了打击。

小贴士：

注意你的沟通方式，不要让情况变得更糟。有一些话能让人立刻火冒三丈，比如表示绝对的词语"总是"和"从不"。（如果你说"你从不打扫"，你的伴侣马上会搬出他使用吸尘器的次数。）避免使用其他会带来争执的措辞，如"继续""必须"或"坚持"等。试着换成更温和的词，比如"经常""有时""近乎"和"宁愿"等。这样，你们之间即使有辩论，也不会是争吵。（更多内容，请见练习部分"改善你的沟通方式"。）

5 睁大你的眼睛

如果以上策略都没能让你安心，或者拥有不容置疑的证据，那么你需要特别注意另一半的行踪。下一节将解释为什么他会无意间留下线索。

小贴士：

他的哪些行为看上去不正常，让你怀疑自己是否真的了解这个男人／女人？他是否突然对一些不寻常的事情产生了兴趣？例如，第一次在电视上收看《汽车大奖赛》(Grand Prix)。他会说出你以前从未听过的观点吗？这些观点是不是来自其他人呢？

如果所有迹象都表明你的伴侣有外遇

大多数外遇的持续时间都很短。我对英国人的出轨情况做调查后发现，10% 的案例只持续了几周，40% 持续时间不到六个月。在大多数情况下，是因为不忠的一方粗心大意，很快就被发现了。43 岁的朱利安说："我干了很多蠢事。我把餐馆收据放在裤袋里，把生日贺卡放在车子的储物盒里。我被发现是早晚的事儿。现在回想起来，是我自己暴露了自己。"

我多次遇到一种奇怪的现象：出轨方害怕被发现，但又尽其所能地想被发现。39 岁的珍妮弗发现丈夫出轨时已经结婚七年了。"当时我们全家在度假。我觉得我丈夫和他的情妇分开后感到特别孤独。有一天晚上，他把自己的婚外情告诉了我妹妹。我妹妹不知道该怎么办，于是告诉了我母亲。我母亲委婉地叫我去确认。我问他时，他却断然否认，我也就相信了他。但是他继续打击我，看不起我，嘲讽我们现在的关系甚至我们的过去。他不再爱我，也不爱孩子们了。我们本来打算一起出去玩一天，不带孩子，这样可以好好谈谈。我母亲认为我有必要知道事情的全部经过。"珍妮弗的丈夫嘴上说希望小姨子能够为他保密，而事实可能并不是这样。在潜意识里，他想告诉他的妻子，然而，他清醒的大脑却尽一切努力防止被她发现。

因此，如果你怀疑另一半不忠，很可能是因为——在某种程度上——他想要被发现。不过，我并不主张把房子翻个底朝天来找"证据"。相反，跟你的伴侣谈谈你的担忧。这种直接的方式将为坦诚和开放的沟通打下基础。如果想要重建信任，这一点至关重要，等于给你的伴侣一个机会，让他能够向你坦白而不失尊严。这反过来会拉近你们的关系，甚至还会让你们更加恩爱。位于帕萨迪纳市的特拉维斯研究所通过婚姻治疗，追踪了 139 对存在各种问题的夫妻。刚开始时，那些在婚外情的泥潭中挣扎的夫妻说得最多的是他们的苦恼和不幸。然而，在咨询过程中，相比那些被发现出轨的夫妻，主动坦白出轨的夫妻取得的进展更大。更重要的是，咨询结束时，他们对婚姻关系的满意度变得很高，甚至高于那些没有出轨的夫妻。

如何与你的伴侣交涉

你的目标是把所有目前无法说出口的事情都拿到台面上来说。

1 提前计划

· 找一个不会被打扰的、安静的时间，面对面交谈。

· 如果你们打算在外面谈，选择一个不太可能再去的、对你们没有特殊意义的地方。

· 如果你是一个爱拖延的人，设定一个时限。

· 不要在激烈的争论中或者发现新的"罪证"后，脱口说出你的怀疑。

2 想想你的策略

· 策略一是在说出你的担忧之前，先对你们的关系进行概括性的评论，并承认最近出现的问题。

· 策略二是直截了当地问。确保你以真诚的态度提出问题，而不是指责，如可以问"你的生活中还有其他人吗？"或"你是不是有外遇了？"而不要说"你肯定有外遇！"或"我知道你在撒谎！"问题引来讨论，指责招致争吵。

3 准备好增补问题

· 我们从政客或"老滑头"们的访谈节目中发现，通常是后面的增补问题提供的信息最多。给你一些例子。"你经常和某某谈论你的问题吗？""你经常给某某打电话或发邮件吗？""有谁变得比朋友更重要？"或"你亲吻或拥抱过别人吗？"

- 以下问题可以引出对方对你们关系的看法，"为什么你觉得很难向我倾诉？""我们怎样好好沟通？"或者"为什么我们疏远了？"

4 冷静地问

- 这是成功交涉的最重要因素。

- 在"飞行模式"或"战斗模式"下，你无法清醒地思考或进一步提出适当的问题。

- 平静的心态不仅能阻止你攻击对方——这只会导致他提高防备——还能为下一步计划提供足够的铺垫。

5 听一听背后的真相

- 你的伴侣的反驳是否有些夸张，尤其是当你希望他用简单的"不是"或者疑惑的表情回应你的时候？例如，"我绝对不会做出那种卑鄙龌龊的事情"。他这是想"伪装"成道德君子，消除你的疑心。

- 你的伴侣是否举出朋友或他人的差劲的例子？如果是这样的话，说明他对某些事情感到不安，想利用他人的失败或缺憾来给自己"找台阶下"。

- 你的伴侣是否对你没有提问的事情做出保证？例如，你问的是"你为什么这么忙？"但得到的回答却是"你知道我讨厌撒谎"。

- 对方的回答是否听起来跟你的节奏"不搭调"，仿佛他早已知道你要问什么，提前练习过上百遍。

- 注意听诸如"完全坦白""要诚实""我会对你说谎吗"和"说实话"之类的说辞。如果你的伴侣平时不太会用到这些词汇，这表明他正试图转移你的注意力。

6 注意肢体语言

- 你的伴侣是否很少与你目光接触？如果他总是瞟向别处，很有可能是"做贼心虚"。被诬陷的人会睁大眼睛盯住对方，试图让人相信他们是无辜的。

- 你的伴侣是否抓耳挠腮，表现得很不安？这又是一个谎言信号，用手捂住嘴巴可能是下意识地想掩饰真实想法。

- 他的神态是否拘谨，动作是否显得犹豫不决？是不是看起来像电视上的政客或演员？这是因为人们心情放松的时候，身体也会放松，动作会自然流畅；而试图隐瞒什么的时候，身体会变得僵硬呆板。

7 说出你怀疑的理由

- 保持冷静，回顾一下最近发生的让你觉得奇怪的事情。

- 不要夸大其词或随意将风马牛不相及的事情联系起来下定论。

- 问你的伴侣，让他换位思考的话，会得出什么样的结论。

- 如果你有确凿的证据，比如信用卡账单或电话账单，把证据放在桌上，问问他："为什么你上个月给同一个号码打了那么多次电话？"

8　威逼利诱来"招供"

- 到目前为止，如果你能一直保持淡定和逻辑清晰，你的伴侣可能已经招架不住了。

- 如果你的伴侣不太愿意配合，或许是他需要一些支持才能越过最后一道防线。

- 所以给他一些"诱饵"，表示你能理解他："我知道这很难""你不想伤害我"或"你不想让事情变得更糟"。

- 紧接着用另一种鼓励手段。"如果把事情说出来，你会感觉舒坦些""对我来说，被蒙在鼓里才是最痛苦的"或者"除非我们能够面对真相，否则什么都无法改变"。

- 最后，催促对方做出正确的选择。"如果我以后发现你说的是谎话，那事情会变得更糟。"

9 避免卷入一场争吵

- 对某些伴侣来说，他们最好的自卫方式就是进攻。所以你的伴侣可能会指责你多疑、疯狂、鬼鬼祟祟、侵犯隐私，甚至会骂你自己出轨还栽赃别人。

- 你自然会为自己辩护，这就偏离了你的计划。在激烈的争吵中，你不太可能弄清真相。

- 更糟糕的是，你可能会失去道德高地，开始辱骂或做出其他有伤害性的行为。在某些情况下，出轨的一方甚至会故意煽风点火，以便为自己的不忠"开脱"。

- 如果你感觉快要到"引爆点"了，或者你的伴侣可能要大发雷霆了，那就离开十分钟左右，等你们都冷静下来再说吧。

10 回到原来的话题

- 有时候经过 24 小时的深思熟虑后，你的伴侣会想通并决定向你坦白。

- 所以继续之前的讨论，你可以问："我真的想知道真相。你有过情人吗？或者你现在有吗？"

发现真相的其他方法

对绝大多数人而言，心平气和地质问你的伴侣是一个有效的做法，但也有例外。以下是从我的案例手册中摘取的一些备选策略和故事。

当侦探

有些情况再明显不过，但有时候，即使你掌握了天底下所有的证据，也显得不够。埃莉26岁，她发现丈夫身上有咬痕。"他告诉我，这是修车时碰的瘀伤。不知为什么，我相信了他的说辞，尽管在内心深处觉得这很荒唐。"就像很多被逼急了的伴侣一样，埃莉的丈夫很生气，指责她多疑。她说："当时我怀孕了，但他还是怪我激素水平不正常。"后来，埃莉从他的笔记本电脑里找到了一个女人的视频。"我在浴室发现了一根头发，这根头发和视频里那个女人的发色匹配。电话账单成了最后一根稻草。他一个月给她打了上百次电话，还发送视频和图片。我们大吵了一架，但他还是说我疯了。"

寻找证据的坏处是，你永远不知道你会发现什么，也不知道会有什么感受。虽然揭露真相似乎是一种解脱，但当你真的拿着一封情书或他们两人的合影时，你还是会惊得目瞪口呆。许多人说，他们感到头晕、恶心，大脑开始飞速运转。与伴侣交涉时，他们更容易生气，变得好斗，几乎不可能进行富有成效的讨论。由于害怕伴侣失去理智，在坦白的时候，出轨方会尽量对外遇的事实避重就轻。

无论如何，侦查工作可以让你变得更强大。53 岁的卡萝尔说："我查看了他电脑的历史记录和临时网络文件，找出了他经常访问的网站。这让我丈夫大吃一惊，因为他一直认为我是个十足的技术盲。"

听听别人怎么说

尽管出轨的人认为没人知道他们有外遇，但一般来说都逃不过他们同事的"法眼"。这对"地下"恋人可能会选择偏僻的地方幽会，但被发现的概率还是很高。其实，有人放出重磅警示或揭露真相只是时间问题。当一个陌生人按响她家门铃后，38 岁的汉娜才知道结婚近 20 年的丈夫有外遇。"一个 40 多岁的高个子男人想要进来。他神色慌张，这让我很不舒服。我正要关门时，他说道'这事关于你丈夫和我妻子'。本能告诉了我剩下的事。恍惚中，我退后一步，让他进来了。他找到了各种信件。他给我看了所有的东西。他真的很生气，好像这都是我的错，我应该管好我丈夫似的。我无法让他尽快离开。后来，我就坐在那里，茫然地盯着窗外。"

从他人口中得知真相让被出轨方觉得尴尬和丢脸，即使这个坏消息来自朋友或家人，他们也会竭尽全力减轻打击。被出轨方最先担心的是还有谁知道，觉得自己一直被蒙在鼓里，蠢透了。有些人会把怒气发泄到坏消息的传达者身上，从而破坏一段美好的友谊，或者不自觉地跳起来为伴侣辩护。如果"泄密者"没有确凿的证据，或者信息来自匿名信或电话，出轨方有时会声称这是心怀怨恨的报复行为，并把一切说成是流言蜚语。无论具体情况如何，被出轨方都会感到疑惑，不知道该信任谁，到底谁在说谎。

从别人口中得知真相的好处不多。有时候，如果消息来自你伴侣的情人的配偶，你俩可以互相支持，分享信息。然而，你的伴侣自己做"汇报"，总比加工过的"二手"消息要好。

听听第三者怎么说

当一段婚外情确立，第三者开始觉得自己有"正当权利"时，可能想要公开恋情。塞西莉亚的一个朋友表现得特别嚣张，她因此发现了丈夫的不忠。"我们一起参加了一个慈善活动。我当时没戴眼镜，但我能看到她整个晚上都坐在我丈夫对面，不停地给他抛媚眼，有一次竟然还说出'我爱你'。她曾带他去巴黎一家非常昂贵的饭店吃饭，给他报销费用，还把账单故意放在他的外套口袋里，好让我第二天早上就能发现。"

以这种方式发现的婚外情也很难处理。被出轨方会感到愤怒、绝望和害怕。有时，他会因为难以忍受而大发雷霆，变得暴力。然而，主要问题是要辨别第三者"证词"的可靠性，因为第三者总会以自己的利益为重。

有时候，被出轨方和第三者之间会产生共鸣。毕竟，从某种意义上来说，他们都是出轨方"利用"的对象。被出轨方发现第三者并不像想象的那样有魅力、聪明或有成就后，可能会放心。或者，出轨方可能会感到困惑，不明白为什么伴侣会对第三者感兴趣。最糟糕的情况是，第三者使被出轨方觉得自己邋遢或不讨人喜欢。

怎么样才算有外遇？

我们的文化曾经对什么是外遇有相当明确的定义，但是工作场所的变化和对异性友谊的广泛接受模糊了曾经的界限。因此，当你发现伴侣发给另一个女人或男人的亲密短信或电子邮件时，完全有可能被告知他们之间是清白的，只不过是好朋友。然而，你的直觉处于红色警戒状态，所有迹象都指向背叛。那么，什么情况才算出轨？怎样确认另一半是否出轨呢？

马克和卡丽都 30 多岁，马克在市里工作，卡丽是一名代课教师。当马克因一些交易违规行为被调查时，他们的关系面临着压力。35 岁的马克说："卡丽忙于照顾孩子，虽然她很支持我，但她没什么兴趣听我讲复杂的过程，所以我和一位女性同事聊天，只是想把这些烦心事从我的脑海里赶出去。我承认我们一起喝了酒，但有些事情确实不能在办公室里说。"卡丽起了疑心，就开始调查起来。"有一个周六，本该由他照看孩子的时候，他跟那个同事通了三次电话，而且每次都不少于20分钟。我们之间好几年没这样聊过了。"马克承认，他们在谈工作时也会讨论家庭问题，尤其是卡丽对性提不起兴趣，但他认为这并没有什么不妥。"我觉得那个同事可以给我一个女性的视角。"他解释道。虽然调查人员洗脱了马克在工作中的嫌疑，但卡丽没那么宽容。"他可能真像他一直坚持的那样'什么也没做'，但我总感觉这是背叛。"马克和卡丽没有搞清楚到底哪里出了问题，也没去修复他们的关系，而是忙着争论马克是否有过外遇。幸运的是，在咨询过程中，马克承认了友谊已经失控的事实，这正在破坏他的夫妻关系。卡丽接受了马克没有和别的女人上床的事实。"我想我得给他一点面子，但我总是觉得他背叛了我。"为了避免无谓的争论，我用"不正当友谊"这个词来形容这些潜藏危机的婚外关系。

那么，真正的友谊和不正当友谊之间有什么区别呢？关键要看保密程度。真正的友谊是公开的，不需要掩饰见面的次数和内容。相反，不正当友谊只是被短暂提及或从未对伴侣讲过。真正的友谊建立在共同兴趣爱好的基础上，不正当友谊则建立在朋友间情感的基础上。当然，我们可以和朋友倾诉自己的烦恼，但是要尊重自己另一半的隐私，不谈论会让另一半尴尬的细节。不正当友谊会忽略这些界限，私密信息反而会加深关系。如果有人告诉他的"朋友"一些不能或不愿与自己的伴侣分享的事情，那就特别危险了。

一段不正当友谊很容易演变成一场彻头彻尾的婚外恋。这些"朋友"特别喜欢偷偷煲电话粥，互发暧昧短信。他们对彼此的关注受宠若惊，这种关系让他们的生活变得非常幸福。不久之后，"老友"们就开始沉迷于爱抚，越界发生性关系也就不意外了。马克承认，如果卡丽没有及时阻止的话，他的友谊很可能会变成性关系。还有一种是不正当网友关系，两人开始聊共同的兴趣爱好，但话题很快会变得非常私密。这些网友开始熬夜网聊，并对伴侣谎称一直在加班赶工作。

在我的咨询室里，涉及不正当友谊的案例急剧增加。部分原因是男性也认识到向朋友倾诉自己的困惑和烦恼是有益的，然而他们的大多数男性朋友都不善于聆听。42岁的消防员戴维说："如果有什么烦心事，我一般都会跟妻子说，但还是会有一些事情跟她无从开口。我怕朋友们会嘲笑我，而我和我妹妹也不太谈得来。"因此，和一个女同事谈论自己的问题似乎是不错的解决办法，但得不偿失，戴维陷入了一段不正当友谊。

不正当友谊增多的另一个原因是，职场中的等级意识越来越淡，人们在工作场所越来越不拘礼节。29岁的爱丽丝和她的老板关系很好，这位老板成了她的导师，帮她晋升并化解了职场危机。"我知道他觉得我很有魅力，但只要能帮我上位，又有何妨？

有一天，我因为家里的事心情不好，他在我脆弱的时候问我怎么了，于是我在他办公室里把一切都告诉了他。我发现自己已经习惯于和他聊天。不知不觉中，我已经越界了。"除此之外，我们在工作上花费的时间越来越多，结交异性朋友已成趋势，加上互联网无处不在，不正当友谊几乎变得不可避免。

那么，如果你怀疑或发现伴侣有不正当友谊，该怎么办？如果像卡丽对马克所做的一样，贴上婚外情的标签，会让本来令人担忧的问题升级为全面危机，但忽视或淡化这种友谊同样危险。28岁的乔·艾伦说："我丈夫收到了很多'想你''爱你的笑'之类的短信。但我因为一直在背后偷看他的手机，感到内疚，所以什么也没说。我给了一些暗示，希望他能解释一下，但他没有。几个月后，他宣布我们的婚姻出现了严重问题，他想离开。我心里长期压抑的不满情绪终于爆发了。他承认他一直在和一个女人聊天，但仅此而已，她只是帮他下决心离开。"乔·艾伦很生气，因为他之前从来不跟自己沟通婚姻问题，一起挽救婚姻。

如果你的伴侣曾经或正在经历一段不正当友谊，但没有发展成婚外情，认清这个事实很重要。你要庆幸他还没有越过最后的防线。然而，不正当友谊仍然是个严重的问题，它虽然没有发展成外遇，但还是暴露了你们关系中急需解决的问题，而且被背叛的感觉也像外遇一样强烈，你们照样需要经历七个阶段才能重归于好。

- 震惊 -

发现爱侣出轨后，很多人的第一反应是震惊和难以置信，通常还会伴随强烈的身体症状，比如心悸、胸痛、呼吸困难、胃部打结、恶心和头痛。这是身体对心灵创伤的正常反应，肾上腺素等应激激素已被释放到血液中，帮助你应对正在发生的重大事件。

"这就像在我腿上扔了一颗原子弹。" 35 岁的柯斯蒂说道。当时，结婚十年的丈夫平静地走进客厅，让她关掉电视，并坦白了他与她的一个朋友发生三个月婚外情的事。"那一刻之前，我还以为一切都很好。生活一直很忙碌——孩子、工作、赚钱，但还算不错。他怎么能这样对我？"柯斯蒂遭到背叛后的反应非常强烈，她觉得透不过气来，身体很不舒服。"我冲进厕所，洗了手，努力让自己平静下来。但生活怎么可能再像以前一样呢？"

另一种常见反应是表现得完全超然，仿佛不忠的消息跟自己无关。当艾莉发现伴侣身上有咬痕时，终于确认了他的外遇。当时正是午休时间，"我茫然地在市中心徘徊了大约半个小时。我心跳加速，呼吸困难。我穿过了几条路，看都没有看一下周围，不知道自己是怎么躲过那么多辆车的"。震惊的其他常见症状包括睡眠问题、食欲不振、容易受惊、注意力不集中和健忘。因此，等震惊的最初反应缓和后再去处理问题是很有必要的。

在大多数情况下，强烈的震惊反应会持续大约48小时。当然，常见的情况是发现更多证据，症状再次出现，但没那么严重，且恢复得快些。不幸的是，对有些人来说，症状持续时间会很长，特别是以前经历过一些创伤的人，比如童年时期的性虐待、严重车祸或另一段婚外情。如果心悸、身体不适和记忆力减退持续时间超过两天，则被称为急性应激障碍；如果持续时间超过一个月，则被称为创伤后应激障碍。如果类似于这些情况，你应该去看医生。然而，有必要强调的是，震惊是一种正常反应，是对可怕影响的缓冲。

相比之下，对于有些人来说，震惊能带来活力，肾上腺素和原始的"战斗或逃跑"本能开始发挥作用。47岁的娜塔莎不愿看到出轨的丈夫，于是她选择了"逃跑"。"我摘下婚戒，走了20公里的路。我只想一个人待着。"而另一些人的反应则是"战斗"。当凯伦（据说她的丈夫在白厅安装电脑）终于确认丈夫出轨时，她马上采取了行动。"我凭着直觉上了楼，打开他床边的抽屉，发现了他俩在一次跨大西洋帆船比赛中的照片和一本记录他们风流韵事的日记。然后，我检查了信用卡和手机账单，这是我以前从未做过的事。真相摆在眼前，我快崩溃了。"这个案例中，震惊起到了积极作用，将凯伦从假装没发现状态中唤醒。

为什么会感觉你的世界已被颠覆

　　人们谈论另一半出轨时，往往会发挥非常戏剧化的想象力："我的世界彻底崩塌了。""我的生活一去不复返。""我感觉自己像哔哔鸟动画片中的角色，跑着跑着突然意识到自己站在一小块崩塌的土地上。"尽管报纸上充斥着名人的外遇报道，而且婚外情一直是电视剧的主题，也有来自同事、朋友和亲属的直接案例，但真正发生在自己身上时，杀伤力依旧很大，始料未及地痛。出轨行为破坏了支撑着生活的三个信念：

1　世界是仁慈的。（好人有好报。）

2　世界是公平的。（凡事都有因果。）

3　我是值得的。（因此，好事会来到。）

　　在内心深处，我们知道这个世界很复杂，既不想也没空去审视令人不安的现实。但在这三个信念的护航下，我们一往无前。然而，不忠让我们不得不停下脚步，感慨丑陋的真相。即使我们对家庭尽心尽责，也不能保证我们的爱侣忠贞不渝。世界是残酷的，坏事的发生从来不需要理由。如果我们的婚姻关系不安全，那工作和朋友呢？也会背叛我们吗？

　　一方面，和盘托出不忠行为似乎很残忍。你的烦恼还不够多吗？但另一方面，重要的是要弄清楚爱侣出轨为什么会让你如此痛苦，并保证你不会对自己太苛刻。在后面的章节中，我会再回到这三个信念上。请放心，你的信念会慢慢复苏，经历磨难的洗礼后，它会变得更现实、更稳固、更持久。

余震

你可能觉得心都要碎了，但请放心。过去阴影密布的角角落落，现在已经阳光普照。然而，下面这个关于不忠行为的问卷调查结果，表明了另一种令人黯然神伤的情况。康妮现年 64 岁，结婚 23 年了。"我一开始就知道他有外遇。他会把晚餐扔进垃圾桶，因为他已经在餐馆跟那个女人吃过了。我还发现了一些珠宝的收据，但不是买给我的。"她质问过丈夫，但出于某种原因，并没有跟进。"我告诉他，如果我找到确凿的证据，就立即和他离婚。如果他爱过我，不想失去我，就离开那个女人，但他和她继续交往了四年。我忧虑成疾，但他并不担心，满脑子想的都是和她见面。"

这种装聋作哑的奇怪局面能持续下去是因为康妮觉得她别无选择。她希望自己不理会这段婚外情，婚姻就会有所改善。康妮只猜对了一部分，第三者结束了这段恋情，丈夫回到了她身边。然而，十年过去了，康妮的婚姻依然冷冰冰的。"并不是因为有过一段外遇破坏了我们的婚姻，而是他根本不在乎这个家。在他心里，我是次要的，这样的地位会一直持续到我死的那一天。即使是现在，我们的婚姻也毫无希望，我们之间根本没有感情和性爱。"她对我问卷里最后两个题目的回答异常悲观：是什么帮助你修复了关系？"什么也没有。"你对你们的关系有什么认识？"一开始就不应该在一起。"我不禁想，如果康妮当年勇敢些的话，现在的生活会是什么样子，应该不至于这么糟。因此，如果你发现自己的勇气在减弱，想要闭上眼睛时，请记住还有另一种选择。直面外遇的"余震"是痛苦的，但这是治愈创伤的第一步。

出轨方的震惊

发现外遇的一方会感到震惊，这并不奇怪，毕竟，他们被背叛了，却还蒙在鼓里。然而，尽管出轨方知道一切，但外遇被发现时，往往也会陷入震惊，这是因为出轨方一直在心里否认事态的严重性。51岁的爱德华说："我在一次课程上遇到了她，我们擦出了火花，后来一直保持联系。一切都很顺利。我们大约每六周见一次面，并不频繁。我们不是什么灵魂伴侣，但我们确实相当亲密。她让我觉得我仍然很有魅力，而不是默默地走向衰老。我告诉自己，这是我的事情，对我妻子不会有任何影响，她似乎把我当作家具的一部分。"当他妻子发现并摆出他出轨的所有证据时，与第三者见面的频率以及在她身上的花销让他感到震惊。他说："这好像不太可能。我以为我们见面的次数并不多，也就吃了几顿饭而已。但信用卡账单显示我们频繁见面，还花了这么多钱，真不敢相信。"实际上，他一直在淡化外遇的严重性，连他自己都信以为真了。

出轨过程中，还有一种强大的力量在作祟，那就是隔离区划。这个词是由德国心理学家卡伦·霍尼创造的，她于20世纪30年代移居美国，成为美国精神分析研究院的创始人和首任院长。她对人们如何处理相互矛盾的思想、感情、信仰或角色感兴趣，典型的例子有使用避孕药的狂热罗马天主教徒，或者主张机会平等却把孩子送进私立学校的人。在某种程度上，我们都会筑起围墙，把生活的各个部分隔开。这样，我们可以做到工作中铁面无私，在家里满怀慈爱，并告诉自己事情本来就是这样的。隔离的两个世界就像两个密封盒子，其中一个世界的所作所为不会对另一个世界产生影响。因此，不忠的人会说"这是我自己的事情"或"这能帮助我缓解压力"，而不必考虑对伴侣或家庭的影响。42岁的朱莉娅填写了我关于不忠行为的问卷。她结婚21年了，十个月前和一个她16岁时认识的男人发生了关系。她写道："我的外遇对我非常重要，而且我们掌控得很好。我不觉得内疚，反而很快乐，婚姻也相当幸福。我们非常小心，不会带来麻烦。

我们相距 60 英里，有时两三个星期都不能见面。不过，我觉得自己更有价值、更可爱、更性感了。以前只觉得自己是妻子和母亲，现在我更像一个独立的人了。"当被问及她最大的遗憾时，她回答："我没有任何遗憾。一切尽在掌握，两种关系都在可控范围内。"她把生活的两部分隔离开了。

然而，生活不会一直如你所愿，时间一长，两个世界之间的隔墙就会渐渐坍塌。戴维是一位 40 岁的学者，他在一次会议上认识了他的情妇。"当时，我没觉得背叛妻子。这有点像'恺撒的留给恺撒'，会议的事就留给会议。我的情人聪明伶俐，帮助我理清思路，使我的作品得以发表在一些重要的出版物上。她对我的事业很有帮助。"同时，戴维认为自己是一个尽职尽责的丈夫和父亲。他工作卖力，薪水丰厚，而且尽量亲自接送十几岁的孩子们。他不认为两种生活之间有什么矛盾，自己分得清。

然而，完全阻止一种生活渗透到另一种生活是不可能的。戴维开始频繁地与情妇见面。他变得喜怒无常、心烦意乱。"我会为一点鸡毛蒜皮的小事和妻子吵架。不知为何，我们合不来的事实让我更有底气去见别的女人。"他把避孕套留在车内的储物盒里，被妻子发现了。妻子的反应让他震惊。"她很生气，看上去很悲伤。是我出轨了，她却自责。她一直在哭！我简直不敢相信。我说服自己其实她并不在乎。"戴维精心垒砌的隔墙轰然倒塌。"孩子们很难过。我很担心，从来没有想过对他们的影响会这么大。"当我给戴维做咨询时，他正在考虑下一步该怎么走。他和情妇曾幻想过一起开始新的生活，他说想要实现这一梦想。他说："孩子们会好起来的，这年头离婚也不是什么新鲜事。"这是婚外情的第三道防御：合理化。

将婚外情合理化，可以忽略它对夫妻感情的影响。戴维向我解释道："学校有专门应对这类问题的部门，那里有辅导员，也有经历过类似事情的朋友。"他想让婚外情合理化是对的。学校能更好地帮助解决情绪问题，也能消除一些名誉上的污点。然而，如果戴维不把孩子们当作一个整体来看待，而是去审视他们各自的个性就会发现，离婚并不那么简单。"我最小的孩子变得非常黏人。"他承认。于是，我问起他情妇的孩子，自己会和他们相处得好吗？他惊愕地看着我说："我从来没有想过这个问题。"在婚外情的世界里，孩子们可能被晾在一边。但是，在现实中，他需要面对的是两个对他心怀怨恨又爱捣乱的十几岁继子女，隔墙曾将两个世界无情分开过，他们之间很难融洽共存。

因此，当隔墙倒塌，不忠行为的影响谁都阻挡不了，并且合理化的幻想被风吹散时，出轨方就会陷入震惊，被自己所做的"恶行"吓到或感到难过，像被出轨方一样难以冷静思考。格雷厄姆43岁，与一位同事有染18个月。妻子发现了他们之间的信件和电子邮件。谈到自己被发现时，他说："我以前从未有过那种感觉。我当时彻底惊呆了。我以为自己会从噩梦中醒来，可惜我还没醒。我所做的一切太可怕了，违背了我的信念。我让妻子失望了，辜负了她对我的全部信任。另一方面，我也欺骗了朋友、亲戚以及任何帮助过我的人。在单位，在家里，在生活的方方面面，我都需要做解释。我不知道该从哪里开始，该向谁求助。我非常需要帮助，但觉得没有人会帮我。"格雷厄姆的案例强调了不只是被出轨方会感到震惊，本书后面会讲到更多这样的故事。

给出轨方的寄语
震惊与怀疑

· 如果你不知道自己想要什么或接下来怎么办，这本书将为你提供清晰的思路，帮助你修复最重要的关系，与爱侣重归于好。

· 你是怎么走到今天这个地步的？没有付出就没有收获。如果你用心付出，你们的关系就会变好。（特拉维夫大学的一项研究证明，当他人对我们有很高的期望时，我们表现出色的可能性会增加三倍。）当你的情感创伤得到疗愈后，你将拥有一个更强大、更满意的婚姻关系，但前提是你必须采取行动，重新投入时间和精力。

- 向伴侣坦白自己的不忠总比有意无意留下线索让对方发现好得多。对于没有充分准备好承受外遇后果的人来说，这种策略叫"先下手为强"。

- 如果你迟迟不告诉你的另一半，那很有可能别人会告诉他，他们可能是同事、朋友、亲戚，甚至是你的情人。

- 当你的伴侣质疑并询问时，你的本能反应可能是否认，但是真相大白时，这只会让你的伴侣更难过，进一步损害你们的关系并加重与此有关的人的痛苦。

- 坦白不忠的时候，要坚持主要事实，并根据你伴侣提出的问题，回答他想要了解的细节。

- 诚实很重要。不要奢望通过隐瞒不愉快的细节来减轻打击。该来的都会来。请记住，政客下台不是因为罪行本身，而是因为企图掩盖罪行。相反，那些在公众发现之前公开忏悔的政客往往会被原谅。

- 你不如实说出你对第三者的真实感受，你的伴侣只会陷入混乱纠结，不知道该努力修复关系，还是一刀两断来个痛快。

- 人一旦知道了最坏情况，就能以惊人的速度和毅力全力应对。最难应付的局面是不确定、一直被欺骗和永远不知道自己的处境。

- 有时候，出轨方会单独来参加初步的咨询，询问他们是否需要坦白。对外遇只字不提，掩盖潜在的不愉快，不是更好吗？然而，保留秘密是疗愈创伤的主要障碍。2005年发表在《咨询心理学与临床心理学杂志》(*Journal of Consulting and Clinical Psychology*)上的一项研究中，134对夫妇被招募接受婚姻治疗。在治疗的第13周、第26周和最后一节在咨询前对他们进行了研究。对出轨保密（没有坦白）的夫妻，相比那些已经坦白的夫妻（以及处理其他问题的夫妻），更不信任彼此。他们的苦恼在第13周时稍微减轻了一些，但此后情况迅速恶化。最终，所有不坦诚的夫妻都以治疗失败告终。
- 记住，谎言让你深陷泥沼，坦白才是唯一出路。

新技能：开拓思维

从发现外遇到疗愈创伤的每一段旅程，你都会学到一项新技能。这些技能不仅能帮助你摆脱外遇，还会为你的整个生活带来积极影响。第一项技能是开拓思维。在某种程度上，你已经开始正视问题并发现真相。然而，遗憾的是，人类不喜欢面对相互矛盾的看法和信念。为什么伴侣声称爱我们，背地里却出轨？出轨的人怎么可能是好父母呢？这些逻辑上不相容的事情，令人焦虑难耐。

心理学家将这种现象称为认知失调（cognitive dissonance），它由美国社会心理学家利昂·费斯汀格提出。20世纪50年代，他研究了由芝加哥的一位家庭主妇领导的UFO末日邪教组织。该组织声称这座城市即将被洪水淹没。当预言失败后，他以为追随者会放弃他们的信仰。然而，他们的传教活动更猖獗了：之前他们回避媒体的关注，但现在开始接受采访，讲述他们的信仰如何拯救了这座城市。这是认知失调的一个很好的例子，追随者忽视了所有与他们的信仰相悖的事实，寻找能够强化他们信心的证据。回到不忠的问题上，我们的大脑很难装下伴侣既是好人又是坏人的想法，我们只倾向于一面，在这里是坏的一面。如果你陷入认知失调，你只会注意到伴侣的坏，而淡化他的好。（这就是为什么有些人把伴侣说成是不好的家长，阻止孩子们与其见面。）同样，人们习惯把出轨的责任全部推给一方。通俗的说法是过错方和无过错方。然而，在30余年的婚姻咨询生涯中，我还没有遇到过哪对夫妻的分歧是非黑即白的。用这种绝对化思考方式的夫妻很难恢复感情，这就是为什么开拓思维这个新技能如此重要。利用这项技能，你就能掌握关于伴侣的所有相互矛盾的信息，而不会过早做出判断。这很难，但你会发现它会带来回报。

概　要

- 如果直觉告诉你伴侣可能有不忠行为，那回顾一下过去自己的直觉准不准。

- 与其寻找证据，不如先平静面对你的伴侣，给他一个坦白的机会。

- 不正当友谊或网恋不容忽视，即使没有肉体出轨，也会对夫妻感情造成伤害。

- 被出轨方和出轨方都会感到震惊，这很自然。

- 我们很难将共同经营多年的恩爱夫妻、严父慈母的形象与撒谎、出轨、威胁到家庭幸福的人联系起来。

- 学习处理认知失调，你可以同时了解自己和伴侣对这段关系的看法，并接受一切都会改变这个事实。这些知识不仅对疗愈创伤有益，这个对你的整个人生都非常宝贵。

- 练习 -

改善你的沟通方式

以下六种方法可以让你在日常生活中更好地与另一半相处，能够共同解决问题，而且避免不必要的争吵。

1 **保持冷静。**

决定夫妻关系是否和谐的关键因素之一是积极举动（赞美、表达谢意、关注对方、为对方做些好事）和消极举动（抱怨、批评、忽视、怀恨）之间的比例。我们往往认为一个积极举动可以抵消一个消极举动。然而，西雅图华盛顿大学的研究人员发现，要消除一个消极举动带来的影响，需要做五个积极举动。从婚姻治疗实践中，我发现那些声称无法沟通的夫妻实际上是在沟通，但只是消极地沟通。

- **24 小时监控自己：** 你对伴侣说了多少次赞美和感谢的话，或为他做了哪些事情？你有多少次对伴侣抱怨、发脾气或批评他？
- 能否做更多的积极举动？
- 我并不是建议你编造恭维的话或做虚假的事，而是建议说出你头脑中真实的想法。你可能认为"这条裙子很漂亮"或者"接孩子放学真是帮了大忙",但把想法留在内心,没有表达出来。现在把这些话大声说出来,让伴侣知道。

2　**优化你的肢体语言。**

现代社会生活节奏快,时间紧迫,我们时常站在楼梯上对另一半大喊大叫,而他可能正在看电视、读报纸或用电脑工作。

· 当你有事情要和伴侣交谈时,和他待在同一个房间里,哪怕是一些小事,比如"你什么时候回家"。这将最大限度地减少误解和不满。

· 你自己说话或听另一半说话时,把电视声音调小,放下报纸或把目光从电脑屏幕上移开,看着你的伴侣。

· 保持眼神交流。

· 不时点点头,鼓励对方讲下去。

· 不要交叉双臂,否则你看上去会心有顾虑或戒备。

3　**看看你平时是怎样和伴侣交谈的。**

对于许多夫妻来说,问题不在于他们说了什么,而在于他们是怎么说的。所以，先从压力较小的事情开始说起，比如工作、朋友或家人，然后在交谈过程中融入下面的经验。

- 多用"我"，而不是"你"。例如，"我很生气"，没人能反驳，因为你是你情感的主宰。"你让我很生气"会立刻让你的伴侣产生不满情绪。
- 对于那些争吵迅速升级的夫妻，我建议他们五分钟内完全不说"你"。试试看有什么不同吧。
- 表明自己的观点，但不要做强横的声明。例如，"依我看，厨房不应该这样"。你甚至可以给出一个解释："我无法忍受这一团糟"或者"这样不卫生"。这会引起辩论，也可能带来解决方法。相比之下，"脏盘子不要放在台子上"这样的声明听起来像是皇帝的命令，容易招致"叛乱"。
- 不要把别人的意见带进来，这只会使辩论升级为争吵。你的朋友、母亲或每一个头脑正常的人怎么做都不重要，重要的是你的家、你们的关系和你俩的想法。

4　尊重彼此的意见。

尊重是给予伴侣积极支持的最有效方式之一。相反，失去对彼此的尊重会严重破坏感情。

- 倾听你的伴侣，不要打断。
- 不要在他说话的时候琢磨怎么反驳。
- 通过重复一些关键的字句来表明你认真倾听并了解了对方的意思，比如"你计划先清理车库"或"所以你迟到了"。
- 给予积极的回应，"这是个好主意"或"我赞成"等。
- 确认你是否真正听懂了对方的意思。"所以你的意思是你很生气，因为我没有把盘子放进洗碗机。"如果你理解错了，你的伴侣会很快纠正："我没生气，我只是感到沮丧。"

5　有事就要及时处理。

关系紧张的时候，有些伴侣想消除所有消极举动，避免抱怨。然而，两个人生活在一起，不可能没有分歧。正确的做法是接受分歧的存在，想办法解决分歧。

- 一次解决一个问题比把一大堆问题堆积起来一起处理要容易得多。
- 提一些你的伴侣马上就能做到的要求。例如，"你能来车站接我吗？"让你的伴侣有机会帮忙，什么都不说反而会导致日后的争吵。"你在周五晚上都懒得去车站接我。"周六早上这件事已成为历史，你的伴侣想做什么都晚了。
- 一定要只针对某一特定行为抱怨。例如，"不要把湿毛巾放在浴室地板上"。而不是批评对方的性格。例如，"你很懒，太粗心！"

6　不要让争吵悬而未决。

争吵可能很有成效，能帮助我们把郁积的消极情绪发泄出来，把重要的事情从琐事里区分开来，就像雷雨一样起到净化空气的作用。然而，如果争吵带来连续几天的对峙、冷战和紧张气氛，就要引起重视了。

- 等到充分冷静下来之后，再对争吵进行事后分析。在哪些事情上变得不可收拾？怎样才能解决？
- 为你的情绪崩溃道歉："很抱歉我发脾气了！""我不是有意批评你的。"
- 解释一下背景，有时你的伴侣需要一些额外的信息。"我今天工作不顺，所以心情不好，反应过度。""我妈妈也会向我爸爸抱怨这种事。"
- 寻找折中方法。你们俩想要做什么？可以交换吗？例如，"如果你做……的话，我就做……"。
- 解决方案要对双方都有好处，所以要寻找互利共赢的方案。

调节多疑心理

有两种类型的怀疑。第一种怀疑基于一段时间内反复出现的奇怪或异常行为，证据可靠（最终通常能发现另一半有外遇）。第二种怀疑基于一些小事，其他人可能不会注意到，但因为高度警觉、身心疲劳或有压力，你的想象力不断积累，直到认为这肯定是出轨。（然而，当你冷静下来后，总会找到一个合理的解释，你性格中的理智部分知道那是虚惊一场。）如果你的怀疑属于第一种，那么这个练习不适合你，你要做的应该是询问你的另一半。如果你的怀疑属于第二种，你可能已经和伴侣对峙过千万次了。他因为被诬陷出轨而恼怒不已——然而，事实并非如此——你们的关系已处于危险之中。那么，这个练习就是为你准备的：

1　评估一下。

过去三个月里，你有多少次怀疑伴侣出轨或者担心你们的关系快要结束？与去年同期相比，你的暴怒频率是否更高了？你伴侣的感受如何？这种总是试探、查问和对质的情况是否严重破坏了你们的关系？与其自责，担心自己的疑心会把另一半赶走——这只会火上浇油，不如决心改变。

2 怀疑对你有什么好处？

似乎没啥好处。然而，在内心深处你是有所求的，否则你不会一直这样。所以，让我们试着找出无意识的驱动因素：你今天过得很不愉快，压力很大，觉得没有人爱你。你需要一个拥抱，需要有人赞美你棒极了。（然而，你很难直接吐露你的需求，因为害怕被拒绝，那比不开口更糟糕。）你的伴侣不能立即意识到你的需求，也许他今天也过得不如意，你却开始担心伴侣不爱你。你需要一个保证，于是就开始挑起一场战斗或刺激另一半，直到你得到回应（可能是负面回应，但你觉得总比什么都没有好）。最终，你们俩会和好，你会得到另一半在乎你的"证据"。大多数天生多疑的人只是在寻求保证、爱和关注。然而，他们获得心理安慰的方式只会疏离彼此间的关系。

3 现实一点。

大多数天生多疑的人都有极高的期望：他们不仅要结婚，从此过上幸福生活，还要住在有白色尖桩篱笆的茅草屋里。他们穿着的名牌服装永远不会被婴儿弄脏，还会每月赢得销售冠军。他们都是完美主义者，眼里容不得半点沙子，微小的瑕疵也都意味着彻底的失败。不幸的是，无论完美主义者怎样努力，生活都不会一帆风顺。有时候只是因为工作忙，另一半没有一天打五次电话给他们或没有接他们的电话。天生多疑的人对自己和爱侣放松一点，生活就会轻松很多。这可能只是正常的生活，现实一点总比胡思乱想更令人安心。

4 转移注意力。

要改变多疑心理，了解上面这些只是成功了一半。面临压力时，你需要"急救"。如果你的大脑开始飞速运转，那就在脑海中给出一个"停止"信号，做一些让你放松的事情：给自己沏杯茶，读一本励志的书，洗个澡，或冥想。如果过度活跃的大脑使你无法入睡，那就更需要转移注意力。半夜的分析很少能提供明智的见解，只会助长你的焦虑和恐惧。所以，起来做一些能占据你的心思但不需要太费脑筋的事情，比如玩拼图或数独游戏。

5 学会让自己冷静下来。

当你们关系好转，另一半开始对你表达关爱时，你会很容易听到内心理智的声音。这个时候，需要做的是记录所有积极的事情。例如："他真的爱我！""她一定在乎我，否则不会忍受这些。""他一点也不像我那个出轨的前男友。""她一点儿也不像我妈妈。"找到尽可能多的正面陈述，把它们写在卡片上。下次当怀疑的声音占上风时，就把卡片拿出来做个现实检查。告诉自己"停止"，然后让理智的声音平息怀疑的声音。只要稍加练习，你很快就会学会安抚自己的情绪。

我的生命线

这个练习的目的是帮助你了解到目前为止你的生命的整个历程，把你们之间发生的事情放到一个更大的背景中。你们双方都可以做这个练习。

在这个图上，画出从童年到今天你生活中的每一次高峰和低谷，然后记下这些重要的时刻发生了什么事。如何利用和解释你的生命线？

1   **回顾一下你曾经经历的低谷。**

- 是什么方法帮助你走出了这些低谷？

- 如何再次利用这些方法？

- 你从逆境中学到了什么？

2   **回顾一下生命中的高峰。**

- 是什么帮助你拥有了这些快乐时刻？

- 你从美好时光中学到了什么？（如果你学到的不多，也不要担心。你会发现，逆境永远是最好的老师。）

3   **那么平线呢？**

- 当人们尽力忽略或抑制不愉快或不舒服的感觉时，就会出现这种情况。他们告诉自己"没关系""别在意"或"比这重要的事情多着呢"。

- 这种策略短期内会有效。然而，我们无法决定要关闭或开放哪些情感。结果，美好的情感也一起被关闭了，久而久之，生活将变得黯淡无趣。

- 外遇带来的怒气会击溃这种平线生活阶段，不要害怕和伴侣争论，将压抑的激情释放出来。

4 **如果生活有太多的起起落落怎么办？**

· 看看是什么原因导致了这些波动。

· 是运气不好，还是有别的原因？

5 **如果这次外遇是你生命中的最低点呢？**

· 乍一看，这会让人非常沮丧。不过，我想请你考虑一下这样认定外遇的影响是否过于夸张了。你是否希望完全改变自己的生命线？

· 如果伴侣的出轨真的是你生命中迄今为止最糟糕的事件，想象自己可以穿越回你生命中早期的低谷，也许那次是你第一次被一个男孩／女孩伤透了心。

· 想象一下，如果今天的你可以和年轻时的自己交谈，你会怎样安慰那时的自己？你能给些什么样的建议？

· 现在用同样的建议和安慰方式，鼓舞自己从今天的低谷中爬出来。

检 查 站

顺利通过第一阶段"震惊与怀疑"的三个关键点：

1   询问伴侣，而不是责怪他有外遇。

2   在诉说你的担忧时保持冷静，这样伴侣就不太可
    能变得有防御性或攻击性。

3   在讨论问题时，避免使用"从不""总是"或"应
    该"等绝对性的措辞，因为这种说话方式容易引
    发无谓的争吵，而不是理性的辩论。

第二章

步步紧逼的质问

Intense Questioning

发现出轨

愈合伤口

震惊反应渐渐消退，但接着你会被问号的海洋淹没。那个女人／男人是谁？他们的关系持续多久了？还有谁知道这件事？这是否意味着我的婚姻失败了？紧急医疗队员、搜救人员或调查犯罪现场的侦探总提及黄金窗口期这个概念，指的是危急事件发生后拯救生命或成功破案的概率比较高的时间段。将一段关系从外遇的陷阱中解救出来，也有黄金窗口期。放心吧，出轨的黄金窗口期不止 60 分钟，它长达六个月左右。所以不要心急火燎地到处跟人说，这只会把事情复杂化，还可能践踏重要"证据"。

－ 了解实情 －

仅仅了解不忠行为的基本事实是不够的——谁、持续了多久、发生了什么——被出轨方想要弄清楚一切。这就是为什么我称第二阶段为"步步紧逼的质问"。45岁的玛丽说:"知道真相后,我很快就想开了,觉得自己能迈过这道坎儿,但我最不能释怀的是被蒙骗。"很多事情都被蒙在鼓里,很容易不知所措,不知道该期待什么,也会感到害怕。因此,重要的是把问题分解成可以处理的小块,把精力集中在这一阶段的主要任务上——尽可能多地了解外遇的真相,把这些信息留到以后再处理。这里有五个策略,可以让你的黄金窗口期发挥最大作用:

提高交谈技巧

针对外遇进行的第一次深入交谈尤为重要,不可操之过急。

保持问题的开放性。

这样才能引导伴侣给出你想要的详细回答。例如:"你第一次见到他是什么时候?"而不是"你们是不是六个月前开始的?"

不要急于做出判断。

你可能忍不住用很难听的字眼骂小三,但这只会让你的伴侣闭嘴不谈,对你采取防卫态度,甚至为他的情人辩护。所以,别这样,这是一条死胡同。

了解另一半刚开始出轨时的心态。

"那一刻,你的生活中发生了什么?""你当时感觉如何?"

这是他为什么出轨的第一条线索。

把出轨的故事拼凑起来。

自古以来，人类就通过讲故事来获取知识，了解这个世界。慢慢引导伴侣讲述事情的来龙去脉："接下来发生了什么？""然后呢？"

故事要有头有尾、有过程。

不要试图跳到你特别关心的情节上，因为这只会加剧你的困惑和忧虑，更难看到全局。

心态尽量放平。

你越是心烦意乱，伴侣就越想安抚你。这可能促使他跳过一些可能让你更不愉快但很重要的信息（例如，他把情人介绍给了他母亲，因为他们在一起逛街时碰到了母亲）。他也可能会隐瞒对第三者的真实感情，或者编造谎言，只为了让你放心。

澄清信息。

很多信息对你而言无关紧要，一部分原因是震惊中的你无心应对那么多新情况，还有一部分原因是你对你们的关系还是相当有信心，至少表面上是这样。所以，重复一些重要的句子，让你的伴侣就此主题展开讨论和做解释。

不要想当然。

虽然你很清楚对方一些行为背后的真正意图，但不要急于下结论，还是要问问他。例如："你是想惩罚我吗？""你想伤害我吗？"你的伴侣很可能给出不同的解释。

沉默是特别有效的信息采集手段。

不要急着进入下一个问题，只需点点头或静静地坐一会儿。这往往是关键细节被披露的时刻。

不要指望"一言道尽衷肠"。

接下来的几天里，你可能会有更多的问题，而且，大多数不忠的伴侣都会想清楚，变得愿意解释他们的行为。

发现隐瞒的信息

我对英国人出轨的情况做过调查，62% 的被出轨方称另一半隐瞒了外遇的重要信息。"他跟我说只和她发生过一次性关系。"我们在第一章中提到的埃莉说道。然而，大约三个月后，他说是 10 次或 15 次。可我觉得他还是瞒报了。

有时候，人们撒谎是为了掩盖一些琐碎但伤人的细节。33 岁的西比尔说："我觉得我们在性生活方面还是挺和谐的。但我发现，他曾和小三及她的朋友们一起度过了几个星期天，却跟我说是和他自己的朋友在一起。他还带她去度假，却跟我说他需要一些私人空间来专心工作。"

在这个阶段，你很难判断伴侣说的是不是实话，毕竟，他搞外遇时一直在说谎。这里有一些迹象能表明他是否有闪烁其词的嫌疑：

拖延时间。

"你能再说一遍吗？"或者装作没有听到。这是因为说谎的人需要想出一个合理的答案，确保自己的谎言不会自相矛盾。

寻求解释。

"你说的出轨是什么意思？"这种技巧是拖延时间的一种变体，但主要是为了缩小问题的范围。

一开始回答就竭力让人放心。

"事实上"或"我不想让你认为我在骗你"这些话，都是为了让谎言看起来更可信而设计的烟幕。

讽刺或调侃。

"我知道你会这么说……"这种策略是用来将提问者推入不利地位，让他们从进攻者变成防卫者。

说一个有趣的消息来转移你的注意力。

你的伴侣不但没有回答问题，反而把你弄糊涂了。

给出的解释有些不合乎情理。

不合常理，缺乏逻辑，不想多做解释。

鼓励对方讲真话

很少有人在婚外情被发现后，为了继续出轨而说谎（我的调查结果显示，只有 8% 的人会这样做）。大多数人有更复杂的谎言动机：他们害怕说出全部的真相会破坏婚姻，他们不希望"家里的红旗倒下"，抑或他们羞于面对自己的背叛行为，避免进一步伤害伴侣。出轨方的行为可能有多重动机，但不管出于什么动机，隐情和谎言都能把关系逼入绝境，使你们困在步步紧逼的质问阶段无法前进。这里有一些让你继续前进的策略：

与伴侣建立融洽的关系。

下面的措辞可以减少另一半的对抗，鼓励他坦诚相告："我知道你不希望进行这种对话。""这对我们双方而言都很痛苦。"

找到心结。

询问你的伴侣，是什么在妨碍他说真话。试试这样的暗示："你觉得我会难过，怕我们吵架。"（暗示恐惧）"你可能认为我会把事情搞大。"（暗示羞耻感）"我知道你不想伤害我的感情。"（暗示没有守住感情）

告诉伴侣你的最新感受。

他可能很担心给你造成了致命伤害，但你很有可能已经接受现实，开始着手处理不忠行为带来的影响。例如，"我知道你觉得自己被忽视了，但我不明白你为什么……""你受到诱惑发生了性关系。这我可以接受，但我不能接受……"大声说出你的想法，不仅能澄清你的态度，还为伴侣提供了坦白的突破口。

解释诚实为什么如此重要。

例如"我宁愿先听你说。""我能接受发生的事情，但不能忍受你的谎言。""这样我们就清清楚楚了。""别憋着，说出来你会好受些。""这样可以避免心痛，我们也可以把这件事忘掉。"

省察一下自己，伴侣是否有理由害怕"道出一切"。

你会立刻命令他离开吗？你会摔东西或叫嚣，甚至使用暴力吗？你会把怒火发泄到第三者身上吗？你会利用这些信息让孩子们敌视父亲／母亲吗？你会不屑于听事情的全部经过而急于下结论吗？

觉察自己对新消息的反应。

不要一味地发泄愤怒（虽然换成谁都会抑制不住怒火，但任由情绪发泄只会导致他今后闭口不谈此事）。相反，向对方保证你不会"爆炸"，让伴侣少一些担忧，鼓励他讲真话，让沟通的涓涓细流奔流成滔滔江河。

你真的需要知道一切吗？

一方面，你有必要全面了解对方的不忠行为，这样才能做出明智的选择，决定是否要为你们的关系付出努力。另一方面，经过一段时间的挖掘后，该知道的都知道了，再追究下去会适得其反，让出轨方感到绝望。那么正确的平衡点在哪里呢？

"我真的想知道血淋淋的细节。"28岁的杰西卡说。她和伴侣共同生活了五年。"我想知道她的床上功夫是否比我好？她的技术是不是更厉害？如果是，她是怎么做的？她长得怎么样？漂亮吗？她的胸部更丰满吗？我不停地问，直到他把一切都告诉我。"杰西卡以为这些"知识"会帮助她"进步"，但结果恰恰相反。"就好像她每次都和我们一起上床一样。"几周后，这对夫妻分手了。

我们在第一章中提到的格雷厄姆，43岁，他的伴侣迫切想知道一切。"我几乎把所有的事都告诉了她，其实我心里只想忘记那些事。但她一遍又一遍地问我们在哪里过夜、在哪里做爱、怎么做爱……所有细节她都追究。我的邮箱账户，我发给她的电子邮件、短信，我写给她的诗歌，这些统统都被搬出来了。真是太可怕了，我真不知道这样做有什么特别的好处。"

每个被出轨方想了解的信息的数量和种类都有所不同，没有对错之分。为了找到你自己和你们关系的正确平衡点，请回答以下几个问题：

· 我是不是想通过一遍又一遍地重温过去来惩罚伴侣？

· 我是不是因为过去太大意或严重疏忽对方而想要惩罚自己？

· 我让伴侣反复说出轨的细节是为了抓住第三者或者想发现

一些新东西吗？如果是的话，这个策略成效如何？

· 我是否有卡在"步步紧逼的质问"阶段的危险？

· 我的行为是在把危机戏剧化吗？

· 什么能帮助我进入下一阶段？

· 怎样才能平静地向伴侣诉说我的要求？

· 什么时候才是好时机？

– 性在外遇中的重要性 –

一提到外遇，人们总是把焦点放在夫妻的性生活上。这方面存在两种截然不同的观点，有些人认为性不忠意味着移情别恋，而另一些人认为性与感情可以分开。电影界传奇人物梅·韦斯特（Mae West，1893—1980 年）对此给出了最恰当的总结："有爱的性是人生最幸福的事，但没有爱的性也并不坏。"对有些人来说，性等于爱。但对另一些人来说，性等于性，有时也等于爱。传统上，前者被认为是女性视角，后者被认为是男性视角，但正如梅·韦斯特所说的那样，性和爱的界限从来不会这么清晰。如果让夫妻们讨论性和爱，他们一般都会同意没有爱的性是空虚的、无意义的，任何不同看法都会引发争吵、不快甚至离婚。因此，无论我们过去的经历和私下的想法如何，我们都会微笑着表示赞同。不幸的是，一桩风流韵事就能把这场温柔的谎言撕个粉碎。

当 35 岁的萨曼莎发现她的爱侣 39 岁的马克与她的一个朋友有染时，她很伤心。"除非我真的爱一个人，否则我永远不会和他发生关系。除非我认真考虑过和他共度余生，否则我绝对不会和一个男人上床。所以，这可能是我的婚姻彻底终结的明确信号。"当她在车里发现另一个女人送他的礼物时，她很淡定地问出第一个问题："你爱她吗？"马克的反应也不出所料："当然不，我爱你。跟她什么都不算。"马克和萨曼莎并不是唯一一对对性有着不同解读的夫妻。

北卡罗来纳大学的研究人员研究了一项课题——人们认为哪一种背叛最严重：肉体出轨还是精神出轨。他们发现，比起精神出轨（27%），肉体出轨让男性更难过（73%）。相比之下，女性更担心的是精神出轨（68%），而不是肉体出轨（32%）。这在一定程度上解释了为什么男人更可能隐瞒性爱的细节（如频率、地点、感觉），而女人则更倾向于隐瞒自己的情感（她爱得有多真挚，她的感情有多深）。印第安纳州立大学的研究人员研究了性别差异是单纯的基因差异，还是性取向在其中起作用。他们对异性恋者和同性恋者进行了调查，但这次并没有强迫他们在肉体出轨和精神出轨之间做出选择。异性恋男性仍然是最会"吃醋"的人，在性不忠和情感不忠方面的担忧都高居榜首。（这就是研究人员所说的双重打击恐惧。换句话说，异性恋男性认为，如果一个女人在情感上不忠，那么她很有可能在性方面也不忠。）情感不忠的调查结果是：异性恋男性55%，异性恋女性30%，同性恋男性24%，同性恋女性22%。性不忠的调查结果是：异性恋男性29%，异性恋女性11%，同性恋男性5%，同性恋女性4%。

性不忠的问题由于色情作品的泛滥而变得更加复杂，因为许多人发现他们的伴侣也在访问成人聊天室或者观看限制级电影。每对夫妻都必须自己决定对他们来说什么算背叛，什么是可以接受的，什么是不能接受的。然而，这些讨论会进一步加深伴侣之间的陌生感，不利于疗愈情感创伤。（练习部分有更多关于"如何谈论性"的内容。）

– 第三者如何看待出轨 –

如果很难确定不忠行为的程度和性在其中的重要性，那么衡量出轨方对第三者的真实情感就更难了。有两个方面的原因：其一，出轨方和第三者从梦幻般悸动的爱恋被硬生生拽回到让人焦头烂额的纷争中，就像挨了当头一棒，眼冒金星，脑子一片空白。（因此，你的伴侣可能会感到困惑或不知道如何表达自己对第三者的真实感觉。）其二，我们无法预测第三者的反应，他会退缩还是争取这段关系，以及这个决定会对你的伴侣产生什么样的影响。无论如何，你最需要知道的是：他爱她吗？她爱他吗？他们之间的婚外情结束了吗？

你的伴侣和第三者

现代科技能够把你的伴侣和第三者之间交流的大部分内容保存下来。如果你读过他们之间的短信和电子邮件（我不建议这么做），那么会有很多伤人的细节钻进你的脑海里。"他说她是'灵魂伴侣'，比任何人都了解他。还说他们的爱会天长地久，"38 岁的劳丽说，"我难以理解的是，他现在对我说跟她不是认真的，对她没有什么真感情。"想要理解伴侣所说的和所写的之间巨大的差异，就必须要了解幻想在外遇中所起的作用。

真正的关系建立在一些微不足道的相互照顾（"他送她去车站"或者"她在他妈妈出院时帮他买东西"）和日久相知的基础上。与之形成鲜明对比的是，婚外情的隐秘性意味着夫妻间日常情感交流的缺失，而对美满爱情的幻想——无论多么不切实际——填补了这一空白。就像劳丽发现的那样，许多外遇靠的只是幻想，情侣们把对方想象成灵魂伴侣或真爱，说出史诗般的爱情宣言，但是实际感情基础并不牢靠。所以，如果你发现了那些该死的情书，就当作是他们写书那一刻情感的参照，而不是你伴侣现在的想法。

对付第三者

　　伊莎贝拉的案例让大家看到了从出轨方的幻想中区分他真实感受的重要性。婚后16年，她丈夫有了外遇。"他承诺这一切都结束了，但他说需要一些私人空间。"于是，夫妻俩分居并开始接受咨询。在分居的这段时间里，伊莎贝拉发现很难理解丈夫的内心想法。"有时候他对我很冷淡，有时会突然流泪，有几次还向我保证他的婚外情结束了。他说我们在努力重归于好，所以决不会去见她。有时候我会怀疑，问他是不是又和她见面了。毕竟，我们在分居，没有什么能阻止他们见面。他觉得这话听起来像是我想把他推到她怀里。他坚决否认又和她见过面，他很生气地说自己快神经衰弱了。"分居的这段时间里，他们又开始约会，但是四个月后，他终于提出搬回家里。

　　他回家后的前六个星期里，一切都很好。"他的情人突然打电话给我，说了一些'你有权知道'之类的话。他们的关系一直持续到他回家为止。她请求我让她拥有他，因为她为他离开了自己的丈夫。大约有三天时间，她不停地给我打电话或发短信。我不在家的时候，她来到我家。我年幼的孩子们不得不看着他们的爸爸和一个女人在外面争吵。后来，她怒气冲冲地走了，他打电话给她，她威胁要自杀。他很不放心，所以拜托我们的邻居帮忙照看孩子，然后自己匆匆忙忙去找她了。第二天他回来了，但那天晚上她又打电话给他，威胁说要过来。"

情况变得更糟了。"我打电话给她，忍无可忍地朝她尖叫。我丈夫却骂我骂得很难听，还说我应该让他按自己的方式解决这件事。然后，他又给她回了电话，坐在那里向她道歉了足足半个小时。"

这个案例听起来很极端，但我曾经给一个有同样经历的男人做过咨询，他的情妇曾三次试图自杀，幸好都没有成功。如果甩不掉第三者，你该怎么办？

我们上文提到的格雷厄姆，在外遇被发现的那天早上打电话给了他情妇。"我告诉她我们已经结束了，她说她能理解。但是，在接下来的三四个月里，她打电话、发短信和电子邮件联系我。我给我的邮箱账户设置了屏蔽功能，但她拿新的账号继续纠缠我。我在家里安装了可以阻止特定号码的数字电话，但她用不同的号码打过来。直到我们的律师写了一封信，威胁要下达禁令，她才停下来。"这种务实的做法比任何对抗都有效。

– 难熬的初期 –

外遇被发现后的最初几天和几周，特别难熬。在这一阶段，所有人都承受着巨大的压力，情绪波动剧烈，所以大家或多或少会做一些日后会后悔的事情或者说一些不该说的话。因此，如果你陷入以下状态，不要过于担心。

先行动后思考

45 岁的特蕾西发现丈夫保罗不仅肉体出轨，还精神出轨，而之前他曾经发誓这只是一场不正当的友谊。她爆发了。"愤怒是如此强烈，我向他扔东西：烟灰缸，一杯酒，还有剩下的晚餐。他浑身都是烟灰、酒和污渍，但我还是不解气。我叫他滚出去，但他拒绝了。我威胁他说，会打电话给我儿子（特蕾西第一次婚姻所生）。他可是个大小伙子。"当天深夜，保罗"仓皇而逃"。暴力于事无补，特蕾西没有考虑过他会去哪里。

保罗接着特蕾西讲下去："我入住本地的一家酒店时遇到了麻烦，因为我订房时用的信用卡上的名字与我的证件不符。我能去哪里？无处可去。"当时，他已经有两个多月没有和情妇联系了。"我以为我的婚姻没戏了，我的妻子已经用实际行动毫不含糊地明确告诉了我，所以我给情妇打了电话。"她邀请保罗过去，不出所料，他们又上了床。

庆幸的是，旧情没有复燃。

几天后，保罗坦白了所发生的事情。保罗和特蕾西终于能够一起化解因保罗的不忠造成的危机和特蕾西的暴怒导致的反噬。

小贴士:

如果你习惯于先行动后思考,那么有必要设定"暂停期"。这个时间可以短至半小时,也可以长达 12 小时。下次,你觉得火气越来越大时就赶紧走开,做一些别的事情分散注意力,例如泡一杯茶、遛狗或去跑步。当你稍微平静下来后,再视情况和伴侣继续交谈。如果伴侣想要在"暂停期"打扰你或安抚你,给他一个等待你主动沟通的大概时间,这样他就会尊重你一个人独处的要求。

病急乱投医

伴侣出轨的痛苦往往让人难以忍受,就像整个生活被摧毁了一样,所以有些人想尽快摆脱这种处境也就不足为奇了。当 38 岁的卡尔发现结婚七年的妻子与一位同事有短暂的婚外情时,他进入了"超常模式"。他打电话给岳母和几个朋友,请他们出面劝解。他也跟公司老板讲了这个情况,并请了一星期的事假。他还告诉了自己的母亲,母亲也给妻子打了电话。他在网上查了这个话题,买了我的第一本关于婚姻关系的书,并且还没开始阅读就预约咨询。可惜,他因为过于恐慌,无法听取任何有用的建议。他急于寻找所谓的"撒手锏"来说服妻子留下来,其实他只要跟妻子好好谈谈就有可能解决问题,不必这样兴师动众。更糟的是，妻子不断接到忧心忡忡的朋友打来的电话，这让她怒火中烧。后来，卡尔说很后悔向他人透露私密信息。

小贴士：

如果你觉得自己太心急了，可以写一些积极声明，在压力大的时候重复暗示自己。例如"我会渡过这个难关。""我们的关系会变得更牢固、更美好！"如果什么也想不出来，请继续阅读本书，因为书中充满了鼓舞人心的建议和成功的案例，会让你重拾信心。

逼出来的承诺

当一个人在伤痛中寻找急救药时，很可能会逼迫另一半做出一些承诺。这些承诺通常是"永远不再联系第三者"之类的话，但我有个客户在伴侣与同事发生外遇后要求伴侣辞职。做出承诺倒不难，因为出轨方很想取悦伴侣，难的是遵守承诺。

这是 47 岁的玛格丽特的经历，她的丈夫有过外遇。"他求我让他回归家庭，这个要求对我来说就像是索要一大笔钱。作为交换，我要求他从此不再和她有任何瓜葛。他答应了，但很快就违背了诺言。当我和妹妹离开后，他大老远开车去格洛斯特郡找情妇谈分手的事。他不仅对我隐瞒了这个秘密，还叮嘱我们最大的孩子不要告诉我。我觉得这是非常严重的背叛行为。"玛格丽特拿着刀威胁他，把他赶出了家门。"当时，我处于最疯狂、最低落的时候。我们分开了一年。"

尽管回想起来让人很不愉快，但出轨方已经和第三者相处了相当长的一段时间，并且对第三者产生了一定的感情——无论这种行为多么不合适，因此会觉得有义务向第三者解释他们的决定。更有甚者，出轨方觉得如果把第三者抛在一边不管的话，自己就是个十足的"坏蛋"。这就是为什么"不再联系"的承诺往往会刺激情人的神经，他们会更迫切地私会，而一旦被发现，杀伤力比当初的背叛更加严重。

小贴士：

与其追着要承诺——这是你逼出来的，不如尝试与伴侣谈判。他想怎样结束这段恋情？在哪里提分手？写信、打电话还是见面谈？讨论所有的细节，协商好达成一个对你们双方都有益的决定。我不建议你监听他们之间的谈话，因为这不仅会让你感到被揭开伤疤般的痛苦，而且还会干扰你的伴侣（可能还会导致他私下再去找第三者做解释）。在你的监控下与第三者提出分手的另一个弊端是缺乏信服力，第三者会觉得"是她逼你这么说的"或"他在幕后操纵"。更让人抓狂的是，第三者会认为你的伴侣并不打算真正结束这段关系，所以会继续打电话纠缠往事。

贬低自己

伴侣出轨这件事会伤害一个人的自尊心。55 岁的露辛达说："我无法正常工作，一点小事就能把我弄哭。我不得不去看医生，服用抗抑郁药。我觉得自己软弱、愚蠢，无法应对所有我讨厌的事情。"在这种心态下，第三者很容易显得强大、聪明、有魅力。露辛达甚至困惑为什么她的丈夫没有离婚，还继续和她在一起。我在研究过程中一次又一次地发现，婚外情的发现者往往会感到自己很脆弱，而实际上，第三者才是最无能为力的。结婚了，有房子或者有孩子，你就处于强势地位。无论多么痴情的人，面对这些因素，都不会轻言放弃婚姻。当然，你不希望伴侣仅仅是因为不想让家人难过或者为了孩子而留下来，但无论如何，这为挽救你们的关系争取了时间，这一点才是最重要的。

小贴士：

如果你的自尊心被伤到了，就转移一下注意力，别去想你们的关系，想想那些让你自我感觉不错的事情。可以关注你的工作，陪伴孩子，或打一场漂亮的高尔夫球。留出时间，把精力投入一项活动，比如写一篇精彩的工作报告、带孩子们去主题公园玩一天或者跟专业的高尔夫教练练习球技。总之，参加任何一个能让你沉浸在当下，并从坏心情中解放出来的活动。

过早对未来做出决定

现阶段需要确认婚外情的严重性，比如伴侣与第三者的关系发展到了什么程度、对你造成的伤害有多大。这一阶段还不是做长远打算的时候。过快承诺修复关系，往往会加重其中一方的负担，正如45岁的梅丽莎发现的那样。"我告诉过他我已经筋疲力尽了，需要他为我做点什么。他从未道过歉，还说他不确定自己能否做到。他只是坐在那里，看起来很无助，而我却尝试着靠自己的力量解决问题。"然而，把伴侣晾在一边不闻不问，会让他认为你在传递你们的关系已经结束的信号，虽然这可能不是你的本意。沉默还会促使伴侣单独策划自己的生活，做一些不必要的安排。"我受够了带着行李箱过日子，"马库斯说，"此外，每周六我还得找一个地方安顿我和上一任妻子生的女儿，所以我去房产中介租了个房子。就在我要签字的时候，我妻子打电话来求我不要签字，但她说还是没准备好让我搬回去住。我左右为难，我找到的这套公寓面积足够大，租金我也负担得起，但我真的很想搬回家里。"马库斯本来就非常情绪化——内疚，爱哭——这场闹剧不仅加剧了他的心理问题，还分散了他的注意力。和妻子争论六个月租期的利弊的精力本应该拿来解决主要问题：他为什么会出轨？这段婚姻能不能挽救？他们想要什么样的未来？

此时此刻，你的头脑充斥着各种矛盾：爱与恨、希望与绝望、恐惧与释然。这很正常。不幸的是，我们不喜欢生活在矛盾中，习惯把自己从一个极端推向另一个极端，即使这只会让事情变得更糟而不是更好。然而，直面你复杂的感受，而不是仓促做出判断，不仅对你疗愈创伤有益，还会改变你的整个生活。放心吧，事情会变得越来越容易解决，你也不会像刚开始那么极端，但暂时还是要接受不确定性，它不一定是你的敌人。

给出轨方的寄语
步步紧逼的质问

· 这是一个自我反省的时刻，不仅是你的伴侣，也包括你自己。你对你的情人到底是什么感觉？

· 被发现后，你的婚外情成为生活的焦点，一切都已经改变。因此，你感到困惑和迷茫是很正常的。

· 与伴侣分享你的想法和情绪，包括你的困惑和迷茫。

· 也许你认为隐瞒真实想法能减轻伴侣的痛苦，但实际上再痛苦也痛不过现在。如果你没有坦白你是怎么走到这一步的，他就更难接受你出轨这件事。

- 不要害怕与伴侣交谈。你可能低估了他对你们关系的感受力和承受力。

- 如果伴侣直接问起你的外遇，一定要说实话。任何删减都会延长步步紧逼的质问阶段，更难走出痛苦。

- 你掩饰，伴侣怀疑，并更加坚定地想得到真实答案，他会进一步地询问或侦察，一旦他发现你隐瞒真相就不妙了。

- 外遇被发现之后，你们关系中的所有旧规则都会改变。不幸的是，有些出轨的人并没有意识到全部的影响。他们保留了一些在正常情况下可以被原谅的信息，比如电脑里的色情对话，但这些被你刻意省略掉的"罪证"一旦被发现，就会成为你不值得信任的有力证据。

- 每一次发现新破绽都会让伴侣想起最初的背叛。正如我在进行"英国人出轨情况"问卷调查时一位受访者所说的那样，"每一次都像狠狠挨了一拳"。

新技能：了解

步步紧逼的质问阶段的主旨是了解你的伴侣为何不忠。虽然每对夫妻的情况都会有所不同，但出轨的起因可以用下面的等式来概括：

已经存在的问题 + 沟通不畅 + 诱惑 = 不忠

一开始，几乎总能从生活大环境中找到出轨的触发点。可能是夫妻关系之外的因素（如裁员、丧亲之痛、中年危机），也可能是夫妻关系的核心（感觉不被爱、被视为理所当然、性生活不理想或不存在、宝宝的出生）。这些问题本身不足以引发外遇。然而，如果双方中有人觉得无法倾诉，或者已经尝试过却没有被对方重视，失落和绝望的感觉就会放大。一切看似风平浪静，但糟糕的沟通却将矛盾推入危险的旋涡。当第三者成为聆听者或用其他方式诱惑人时，不忠几乎是不可避免的。

把所有的责任都推给伴侣是很简单的一件事，毕竟他有意策划了这场骗局和背叛。然而，正如前面的等式所示，不忠行为的起因很复杂。反过来，你也不应该过度自责。你既没有责任解决伴侣的问题，也没有义务让他远离一切形式的诱惑。步步紧逼的质问阶段的目的是评估双方分别承担哪些责任。焦点在于等式的中间部分：沟通不畅。为什么你们都觉得很难跟对方交谈？你们俩的倾听能力如何？你扮演了什么角色？你怎样才能改变自己？虽然把自己想象成无辜的一方似乎心里能好受些，但这让你沉浸在受害者的角色里。正确了解自己在婚姻危机中所扮演的角色会给你带来改变的力量，更好地迈出疗愈创伤的一步。

我们先了解一下增加出轨概率的最常见因素。根据《婚姻和家庭治疗杂志》(*Journal of Marital and Family Therapy*) 2004 年发表的一项研究报告，这些因素分别是：长期逃避冲突、渴求他人的认可、隔离区划（将生活划分为不同的领域）、自我专注（在做决定时没有考虑到他人的需要）、害怕被抛弃、性或身体方面长期低自尊，以及对自主权/控制权的争议。对于被出轨的一方来说，值得注意的问题是：完美主义（这会导致伴侣尽量避免冲突）、在童年时期喜欢当和事佬（成年后他们继续缓和矛盾，而不是解决问题）、害怕被抛弃和低自尊。

概 要

· 发现不忠行为后的前六个月是挽救你们关系的黄金窗口期。不要因惊慌失措而过早地对未来做出决定。

· 这一阶段的主要目标是得知真相和了解出轨的原因。

· 过度的愤怒或怪罪可能会暂时缓解痛苦，但会让你的伴侣防备你，采取安抚或欺骗的手段稳住你，最终你们的关系陷在步步紧逼的质问阶段，彼此折磨。

- 想知道出轨行为的细节，这是人之常情，但不要把焦点只放在第三者身上。这会妨碍你思考自己的婚姻。

- 常见的错误做法包括急于求成、低估自身实力、忽视第三者的感受（这会激怒第三者报复或者阻碍你的伴侣妥善结束婚外情）。

- 了解婚外情的一个重要因素是评估自己对危机承担的责任。

- 练习 -

克服压力

对许多人来说，发现伴侣不忠是人生最糟糕的经历。面对成倍的压力，人很容易失控。以下方法将有助于减轻一些不良影响。

1   留意不良症状。

情绪症状包括：经常对别人发脾气，难以做出决定，注意力不集中，还没完成一件事就开始做另一件事，无助感，失去幽默感，压抑愤怒，遇到一点小事就想哭，和失眠。

身体症状包括：贪食，食欲不振，消化不良，恶心，便秘或腹泻，肌肉痉挛，抽筋，呼吸困难，和头痛。

2   找回力量感。想一想以前压力大的时候，是什么帮助你克服压力的？

你还可以使用哪些策略？你以前有能力解决很多问题，现在也不会差。

3   关注当下。

当我们担心圣诞节、暑假或余生会发生什么的时候，压力就会增加。一般来说，现在、明天或周末我们都可以应付。所以，专注于当下，每当你开始担心遥远的未来（哪怕是几个月后的事情）时，把你的思绪拽回今天。

4 减法生活。

审视一下你的职责、项目和日常工作。哪些可以延后？哪些是不必要的？哪些可以委托或交给别人去做？今天谁带孩子？预测最近几天的事情，并围绕这些事制订计划。

5 调动一切可利用的资源。

看看有哪些资源可以利用。你是否需要休假？请假理由没有必要说得太详细，说家里有点矛盾就足够了，但要让你的雇主意识到你只是暂时有问题，无法承担额外的责任。你能向雇主的朋友或家人倾诉就更好了。

6 适宜的倾诉对象。

仔细考虑你要找谁倾诉。问自己以下几个问题：这个人会不会急于评判我的伴侣？我的朋友或家人今后会不会难以与我的伴侣和睦相处？这个人会不会迅速给出建议或催促我快点做决定，从而增加我的压力？

7 **暂停一下。**

你可以在花园里坐上 5 分钟，听听鸟儿的叫声，或者做几分钟深呼吸，或者叫辆出租车漫无目的地逛 15 分钟，任何能让你暂时放空思虑的事情都可以。

8 **暂时避难。**

总是想着外遇是没有用的，所以分散一下注意力，欣然接受照料孩子的任务或一项特别复杂的工作。

9 **正视伴侣的压力。**

回顾一下症状清单，评估一下他是否也有同样的症状。你让事情变得更糟了吗？例如，凌晨三点想讨论出轨问题，或者逼迫对方做出一些"承诺"，其实，这时你可以考虑一下如何度过接下来的几天。

10 **承担责任。**

当感觉一切都不受控制时会压力倍增。然而，当我们朝着力所能及的目标努力时，压力就会减轻。因此，想想你对婚姻危机所承担的责任以及你可以做出哪些改变——而不是试图改变你的伴侣。

自我审视

这个练习的目的是帮助你找到一个平衡点，即不把所有的责任都推给伴侣，也不会自己承担所有的责任。

1　你是否擅长：

　　a）与伴侣分享你的烦心事。

　　b）倾听伴侣说话。

2　你是否擅长：

　　a）告诉伴侣，你喜欢他什么。

　　b）告诉伴侣，你不喜欢他什么。

3　结合你的时间、精力和兴趣，考虑一下你会怎样排列以下各项的优先级：

　　a）我的工作

　　b）我的孩子

　　c）我的伴侣

　　d）家务杂事

　　e）电视／电脑

　　f）兴趣爱好

　　g）家人和朋友

4　问你的伴侣，在他看来，你的排序是什么样的。

5 关于你们的性生活，以下哪一种描述更适用：

　　a）我尽最大的努力让性生活变得有趣味和有意义。

　　b）这是一个低优先级的问题。

　　c）我很少主动提出要求。

　　d）我们都主动提出性要求。

　　e）我会在卧室里说出自己的性爱喜好和需要。

　　f）我觉得很难开口说自己的欲望。

6 写下你对你们关系所负的三个主要责任。

7 写下你本可以做得更好的三个方面。

8 写下一件你想改变的事情。

9 你能不能付诸行动，将想法转变为日常行为？例如，如果你想多说点话，那就回家后找你的伴侣聊天。如果你想优先安排一起睡觉的时间，那你可以为孩子们制定新的就寝时间并坚持下去。

如何谈论性

　　作为有着 30 余年经验的婚姻治疗师，我知道性对大多数夫妻来说是一个难以启齿的话题。这是因为谈论我们的欲望一不小心就会造成"伤人伤己"的局面，不仅说者会很难为情，听者也会觉得是在批评他。这里有一些技巧，我觉得可以用来促进富有成效的对话。

1　寻找合适的语言。

在我的咨询室里，夫妻们经常试图用很含糊的方式谈论性。他们说得过于含糊，以至于我常常听不懂他们在说什么。问题是，他们真的不知道该怎么描述身体各部位或性行为，并避免听起来像个粗鲁的男孩、小报记者、色情作家或医生。回答这个问题并不简单，但我认为最好使用正确的医学语言：阴茎、阴道、阴蒂、乳房、性高潮、性交和自慰等。这样的词语描述要比说出"做爱"等定义含糊的话更准确，并且能减少大声说"脏话"的尴尬。

2　欢笑。

当我做夫妻咨询基础训练的时候，学员们总能从大学餐厅就餐区里传来的歇斯底里的笑声中知道哪些学员在接受性治疗。性让人觉得有趣和可笑。令人满意的性生活会唤醒我们个性中顽皮的、孩子气的、富有创造力的部分。这听起来很有趣。

3　空间。

不要在性生活结束后直接谈论性，这样很容易显得你在做事后剖析，更不要在一次失败的性尝试后谈性，这会导致自我厌恶或暴跳如雷。如果你想安慰伴侣，一个拥抱、爱抚、轻摸或偎依会更有效。在公共场合谈性同样是个问题。有一些朋友或熟人曾在酒吧和咖啡店里告诉过我他们的性问题，我不建议这样做。有几次，他们转过身来，发现邻桌的人在听。还有几次，我们不得不压低声音耳语，好像性是个肮脏可耻的话题。其实不然，谈性的好时机包括在家里或长途旅行时。后者特别有效，因为无论如何在旅途中人们很难气冲冲地独自离开。

4　时间。

我不是一个喜欢和对方约好时间谈性的人，等待会让人焦虑不安。然而，为了确保你们两个单独在一起，并且不被打扰，可能需要一些计划。最好是在一起吃完饭之后，你们都很放松，也能感受到对方的心情。一杯酒或许有助于润喉，让你表达得更好，但不要在醉酒后谈起敏感话题。

5　评估。

为了了解你们双方对性生活的感受，请回答以下问题并分别写下你们的答案。(下面给出的数据是英国性幻想研究项目中有相同答案的人群的比例。跟别人比较一下自己的性满意度，或许让你更安心。）

你怎样形容你们的性生活？

非常满意（19%）

很满意（25%）

还不错（18%）

一般（12%）

很不满意（10%）

完全不满意（11%）

6　承担责任。

任何关于性的话题，无论多么小心翼翼地进行，听起来都像是在批评。然而，如果你只使用"我"来陈述，情况就会好很多。例如，"我经常感到沮丧"或"我希望事情能有所不同"。把"你"这个字从整个对话过程中删除吧。

7　思想要开放。

你的另一半提出的一些性要求可能会让你感到不舒服或难以接受。先不要直接拒绝或答应，听他说完，弄清楚具体意思，不太确定的部分再问一遍，至少先考虑一下可行性。

记住性幻想和实际行为之间有很大的区别。英国性幻想研究项目的调查结果显示，性爱过程中有 33% 的人想象自己处于顺从地位，29% 的人想象自己处于支配地位，25% 的人想象自己被捆绑，23% 的人想象自己将对方绑了起来，17% 的人想象被蒙上眼睛，17% 的人想象自己蒙住了对方的眼睛。尽管人人都有性幻想，但有特殊的性癖好的人仍然是少数。

8　互相重申。

感觉到被爱、被渴求和性能力强是人类基本的需求。所以，用一些积极的反馈来结束你们的讨论，比如谈谈喜欢对方身体的哪一部位，以及给你带来最强烈的性快感的时刻。然后享受深情的拥抱，最好持续几分钟，因为在这个时候身体接触比语言更让人感到欣慰。

（在本书的后续部分，我会回到性的话题，深入讨论怎样付诸行动。不过，目前的知识足以让你对自己的性生活进行评估，了解可能哪里出了问题，并为未来的决策搜集更多的"情报"。）

检 查 站

顺利通过第二阶段"步步紧逼的质问"的三个关键点：

1 不要因惊慌失措而仓促做决定。

2 解释一下诚实为什么对你如此重要。

3 试着理解你的伴侣为什么会受到诱惑，以及你们

之间的沟通为什么会出问题。

第三章

决策时间

Decision Time

发现出轨

愈合伤口

很多人发现伴侣不忠后，会在本能、自动反应机制或者是纯粹的肾上腺素的作用下，浑浑噩噩地度过前两个阶段。然而，到了第三阶段"决策时间"，是时候理性了。现在议题只剩下一个：我该走还是该留？如果你的伴侣已经决定离开你，那么问题就会变成：我该接受他的选择，还是该努力挽救这段关系？这些都是事关重大的决定，是改变人生的抉择，所以很容易让人不知所措。那么，你该从哪里入手？

－ 出轨的类型以及发展规律 －

无论在什么情况下发生不忠行为，它带来的伤害和背叛的感觉都是相似的。但是，只有了解了出轨的类型和严重程度，你才能找到处理你们的关系的方案。这一章将介绍八种不同类型的出轨、它们的共同特征以及应对方法。通常，出轨刚开始时不太严重，但如果不加以遏制，就会变得越来越难以处理。我把这个演变过程称为不忠的阶梯。了解你的伴侣在这个阶梯中所处的位置很重要，这将确保你不会轻视事态的严重性——希望本书能将外遇对你们关系的伤害降到最低。然而，不理想的情况是，你可能因过于担忧做出错误的选择。

1. 意外型

出轨方被发现后最常发出的感叹之一是："我没想过要出轨。"他们认为这会让伴侣心里好受些，尽管很少起到这种效果。然而，他们的辩解确实引出了一个话题：有人真的会无意中出轨吗？如果你的伴侣说出这样的话，那么你的第一反应很可能是嗤之以鼻。令人惊讶的是，同事或朋友之间很容易从纯真的友谊滑向婚外情，他们甚至自己都没有意识到何时越了界。

39 岁的菲利普的经历就是一个很好的案例。他在家工作，每天接儿子放学。他说："学校大门对面有一家咖啡馆。有一天，我妻子的朋友杰姬提议一起去喝咖啡。我们以前经常以两对夫妻的身份交往，我单独和她喝咖啡还是第一次。我不记得那天我们聊了些什么，但没有涉及隐私话题。我不记得我是否每次见到杰姬后都会告诉我妻子。她知道我们偶尔会见面，所以有时会让我捎个话给她。"大约六个月后，菲利普和杰姬的友谊变得更加亲密。"她的婚姻不太美满，她想从男性的视角看待问题，所以我们开始谈论情感话题。有一次，她突然哭了。她把手放在桌子上，我忍不住抓起她的手。突然间，我们俩的表情都变得很羞涩。"

当时，菲利普尽力降低这件事情的影响。"我告诉自己这只是我的想象。"所以当杰姬让他来家里时——而不是去学校门口的咖啡馆，他并不觉得有什么不妥。"她跟我说有些事情不能在公共场合说。一开始和平时没什么两样，但我知道她在背地里策划着什么。我猜对了。她说她对我有感觉，然后吻了我。15分钟后，我们上了床。事后，我感到事情不妙，我想阻止，但害怕杰姬告诉我妻子。"他们有过六次性关系，菲利普正想"冷静下来"的时候，被他妻子发现了。那么，菲利普什么时候越界了：经常去喝咖啡？倾听杰姬的婚姻问题？安慰伤心的人？在孩子们不在的时候去她家？向妻子隐瞒幽会的事？当杰姬说对他有感觉时还不离开？允许自己被亲吻？还是和她一起上床的时候？

另一个案例来自34岁的塔妮娅。婚后第八年，丈夫被派到国外工作，她也跟了过去，照顾家庭。"在那儿我们认识了一对夫妻，是我的嫂子介绍给我们的。我们四人很快就成了好朋友。不过，随着我们的关系越来越近，我发现他开始和我调情，这让我很受用。说实话，我并没有想过和他交往，但我想一定是我的表现鼓励他继续下去。在接下来的一年半里，渐渐地，我更在意的人不再是他的妻子，而是他。最后，他跟我说了他对我的真实感受。到了这个时候，我已经无法自拔，任由事情发展下去。"

意外型出轨大多是在工作中发生的。作为一个团队，为了一个大项目而努力的激情和刺激，加上在一起的时间太长，很容易将同事间的交情扭曲成性化学反应。商务旅行是另一个祸根。一个人独自旅行时更容易感觉孤独，会比平时更想与同事交往。在辞职后的散伙饭上发生外遇的情况也很常见。也许是酒精的作用，也许是因为觉得两个人不会再见面，只要一方放松警惕，情欲的火花就四溅飞舞。

共同特征

- 时间短。有的可能只是一夜情，最长一般不超过八周时间，也不一定都涉及肉体出轨，可能仅仅停留在接吻、拥抱、邮件调情和保守秘密上。
- 意外型出轨发生后，出轨方可能会主动向伴侣坦白，或者肆无忌惮到明眼人都能看得出来的地步。伴侣一旦介入，外遇行为就很容易结束。
- 一般来说，意外型出轨带来的风险、内疚和负罪感超过了出轨的快乐体验。
- 意外型出轨在八个类型的出轨中严重程度最低，但不能掉以轻心。一定是你们的感情出现了一些问题，不然也不会萌生出轨的念头。

· 你们关系中的潜在问题要么看起来并不是很严重（比如，"被认为理所当然""太忙，没有足够的时间在一起"，或"不怎么交谈"），要么隐藏得很深，以至于很难觉察（比如，原生家庭中父亲和母亲经常大吵，或者根本没有吵过架，又或者早早离婚了，你的伴侣可能缺乏理智地解决分歧的榜样）。

应对方式

如果你的伴侣有过一次意外型出轨，那么你们的关系很可能已经处于"自动驾驶"状态。当你们中的一方或双方都专注于工作或孩子的时候，交流就已经降到了最低水平。以菲利普和他妻子为例，如果他们经常交谈，她可能会发现这段尚处于胚胎期的婚外情，并及时介入。希望前面关于质问的讨论，以及所有相关讨论能提高你的沟通技巧。留出一些时间来谈一谈当天发生的小事是很有必要的。每天拿出几分钟分享彼此的生活和情绪状态。可以在一起吃饭的时候交谈，睡前也可以，或者刚到家一见面就谈。你们需要全神贯注，关掉电视或电脑，向孩子们解释这是爸爸妈妈的专属时间。如果你的伴侣一直在为自己的行为辩解或试图将出轨这件事说得无关痛痒，那就使用良好沟通 ABC 法则。

这里，A 代表 Address，说出对方的感受或意见（"我知道这只持续了很短的时间"）；B 代表 Bridge，连接到自身感受（"但是""然而"或"依我看"）；C 代表 Communication，沟通（"我自己也希望被这样对待"或者"我仍然感到很伤心"）。这会让伴侣感觉到你在认真听他说的话，继续对你开诚布公，同时你也能传达你自己的想法。

不忠的阶梯

很多外遇可能一开始是意外，但如果核心关系出现了严重问题，就会迅速蜕变成第二种类型的不忠：求助型出轨。如果外遇能带来快乐或性释放（尤其是在性生活频率低下或无性婚姻的情况下），就会变成长期的自我治疗行为。意外型出轨的另一个风险是被出轨的一方可能会尝试报复型出轨。

2. 求助型

在可能会发生求助型出轨的婚姻中，夫妻双方通常都知道他们的关系存在问题。这些问题可能已经存在六个月或更长时间，但这些夫妻要么无法解决，要么不愿提及。一般来说，其中一方会选择逃避现实，想着忍一忍就过去了。令人遗憾的是，另一方会感到非常孤独，陷入绝望的境地。这种状态下的夫妻经不起第三者的挑逗，或者为了驱散内心苦闷与朋友或同事暧昧。

我遇到的一个求助型出轨案例来自杰拉尔丁。她的孕期反应很强烈，住院好几次，分娩过程更是痛苦。"我永远都忘不了那时肖恩总躲着我，好像一刻都不能忍受我在他身边似的。他太让我失望了，想原谅他太难了。"不出所料，她患上了产后抑郁症，尽管接受了治疗，但仍然动不动就哭，情绪容易激动。可肖恩却埋头工作，认为时间能愈合一切。

产假结束后，杰拉尔丁回到了工作岗位。没过多久，她与一位同事开始了一段亲密的友谊，他们每天晚上都会给对方发几条长长的短信。肖恩接着说："我很快就感到不对劲，问她是怎么回事。杰拉尔丁说他只是个朋友，我就没再多想。"他们之间的短信从没断过，肖恩就起疑心了。"她开始敷衍我、挑剔我、躲着我。趁她洗澡，我翻看了她的手机，证据确凿。我真的非常震惊，悲痛和羞愧涌上心头。我漫无目的地开车转了一两个小时后，拿着证据跟她对质。她却心安理得。"虽然肖恩早就知道杰拉尔丁不开心，但他没想到两个人的感情走到了这一步。虽非本意，但出轨这件事换来了丈夫的关注（还好没有走到肉体出轨这一步），他们开始了婚姻咨询。

很多求助型出轨始于互联网。足不出户，用网名在网上深聊，全然不知间背叛了另一半。

"我们俩都是电视剧《迷失》（Lost）的影迷，于是就很自然地聊起了剧情。他很有趣也很聪明，我们聊得很投机，我还给他发了一张自己的照片，"29 岁的朱斯蒂娜说，"我和伊恩的关系变得很乏味，他却认为我太挑剔。但和网友聊天的时候我总能敞开心扉做自己。我决定坐一个半小时的火车去他的城市和他见面。"同为 29 岁的伊恩知道后拦着朱斯蒂娜不让她去。"我只是想知道我对另一个男人的感觉是不是真实的。"她解释道。最终，她还是去见了网友并发生了性关系。"事后，我意识到自己犯了一生中最大的错误。我羞愧地夹着尾巴逃回了家。伊恩和我大吵了一架。后来，我们开始聊天，可能聊得比我们以前任何时候都多。"他们俩商量好来做婚姻咨询，经历几番波折之后（稍后会详细讲）才发现他们的关系一直很不稳定。"我快 30 岁了，我想要一个承诺，想要婚姻和孩子，还有很多东西。如果没有这几个月的可怕经历，我可能不会承认我需要这些，更不会向伊恩要求这些。"这像是朱斯蒂娜为了防止自己埋葬内心需求，无意识中发出的求助声。

共同特征

- 像意外型出轨一样，求助型出轨不一定涉及肉体出轨。
- 通常情况下，求助型出轨是出轨方第一次有外遇。只有在一方试图表达自己的伤痛，但觉得被无视后才会发生。
- 求助型出轨的特点是不忠的人很少去掩盖自己的行踪。事实上，他可能会下意识地费尽心思让伴侣发现，比如把收据留在身边，或者用家里的电话打给第三者（电话号码、次数和时长打个账单就能查出来）。一旦被发现，他们会彻底坦白。

· 求助型出轨往往有一个显而易见的诱因，例如失业、产后抑郁或最小的孩子离家上大学等。

· 很多时候，不忠行为完全不符合当事人的性格。事后，出轨方无法相信自己的所作所为，他们感到内疚、羞愧和悔恨。

· 当求助型出轨关注肉体享乐时，就好像出轨方在说："关注我的性需求！""我想让你知道性对我有多重要。"

· 潜在的问题通常是根本性的隐患，涉及夫妻双方无法或不愿面对的事情。

应对方式

尽管求助型出轨有破坏性，而且风险很高，但这种类型的婚外情有一定的积极影响。当一对夫妻准备好真正审视他们的关系时，通常会花很大的精力和决心去解决问题。另一个积极影响是，当夫妻终于准备好面对大问题时，这些问题往往会烟消云散或很容易解决。这是因为一件事越难说出口，破坏力就越大，直到威胁正常生活。可惜，许多处于求助型出轨中的夫妻为了掩盖情感裂痕或者背叛细节总是争吵不休。如果你意识到这是求助型出轨，无论你是出轨方还是被出轨方，都需要鼓足勇气直面问题。给伴侣写一封信，想象一下你在写给一个善解人意、原谅一切的人，你完全可以敞开心扉，或许这封信能给你带来惊喜。

不忠的阶梯

如果不加以重视，求助型出轨很容易变成出轨方生活中不可或缺的一部分，甚至演变成自疗型出轨或者三角恋型出轨。到这个时候，出轨方将越来越善于掩盖自己的不忠行为。他们甚至会觉得自己"有权"出轨，因为伴侣一直都对他们漠不关心。

3. 报复型

这也是一种短暂的外遇，动机只有一个：报复。有时候，出于孩子出生或者工作忙等原因，自己的需求长期被伴侣漠视，出轨方会觉得自己"有权"出轨。大多数报复型出轨都是在伴侣有过出轨行为后，自己也想这么干一回。

伊恩的伴侣朱斯蒂娜有过求助型出轨，于是他也登录了聊天室。他说："我想亲自体验一下是什么感觉。我和一个女孩聊了起来。她非常理解我的遭遇，因为她就抓到过前男友在网上

'约炮'。"朱斯蒂娜在共同咨询过程中发现伊恩的"友谊"后烦透了："我知道一切都是我自找的，但他怎么可以这样？特别是在我们的关系取得了这么大进展的时候。我真怕失去他，我不想失去他。"她告诉我。虽然伊恩发誓他不是有意报复，但承认自己似乎很享受朱斯蒂娜的痛苦。过了几周后，伊恩终于承认自己很愚蠢。"那个女人说要坐飞机来见我。我突然意识到我不想见她。我只要朱斯蒂娜，一直都是这样。"他们终于在越走越远之前吐露心声，挽救了感情。咨询的后续过程进行得很顺利，他们决定结婚，并正式向彼此做出了承诺。在这个案例中，报复型出轨换来了美满的结局，但大多数人没有这么幸运。

弗兰克和爱丽丝都40岁出头。他发现她的婚外情后，两人前来咨询。

"最让我生气的不是她撒谎、欺瞒和背叛我，而是当初我在收到数百份工作邀请时，为了多陪伴她而拒绝了绝好的工作机会。"弗兰克说道。

"他是一名摄影师，经常去异国他乡拍摄，一去就是好几天。所以，他趁旅行和别的女人上床这件事，我一点都不惊讶。"爱丽丝接着说道，"他恨不得早点回家告诉我。"

我问爱丽丝对此有什么反应，她说："太可悲了。我对他仅剩的那一点儿尊重，都被他败光了。"

弗兰克的婚外性行为没能达到目的，爱丽丝的冷淡回应让他更加沮丧。几周后，爱丽丝提出离婚，他们的咨询也结束了。

共同特征

- 报复型出轨的一方认为伤害伴侣会让自己好受一些。这么做会面临高风险，往往事与愿违。

- 他们原本是受害者，很难把自己的怨恨完全表达出来，所以只好通过以牙还牙的方式发泄愤怒。这是典型的被动攻击行为。

- 报复型出轨的动机通常是遭遇伴侣背叛后，想通过报复行为找回自信心，再次建立对自己的魅力和性能力的认同感。只有出轨才能让他们感觉自己很强大，有能力掌控一切。

- 报复型出轨方会立即坦白或者留下显而易见的线索让伴侣发现。

- 很快就后悔。

- 报复型出轨给人一种双方互不相欠的错觉，但通常会让关系更糟。

应对方式

报复也许是人类的本能，但心理伤害很大。如果你的伴侣有报复型出轨，你会面临两种选择：反击还是宽恕。反击只会导致恶性循环，离婚成为唯一的出路。宽恕又很难，但如果你对伴侣报以同情，他更愿意让你也尝尝被人同情是什么滋味。

什么是被动攻击行为？

被动攻击行为是指当一个人不能当着你的面发火的时候，会接受你的所有提议，但一件都不做。对此，我的建议是，不要在难事儿上太快或太容易达成一致。相反，我鼓励就某个特定的方案展开讨论，比如"以后我们应该如何处理与第三者的关系？"不要急于定下铁律。"你发誓今后再也不和他说话"，当你要求伴侣如此承诺时，伴侣可能会说："我应当当面向她交代清楚我为什么要跟她分手。""下周是他儿子的生日，我答应陪他们滑冰的。"你自然反感这样的回答，但还是要好好商量，找到一个折中妥协的方法，而不是让伴侣阳奉阴违。

不忠的阶梯

有些人会隐瞒自己的报复型出轨，全当这是对自己的补偿，因为他们认定伴侣根本不在意自己。在这种情况下，出轨变成自我疗伤行为，或者发展成三角恋。然而，大多数报复型出轨是在孤注一掷，要么夫妻俩尝试更好的沟通方式，要么关系彻底破裂。

4. 自疗型

已经意识到夫妻关系有问题很久了，但仍当不存在，或者提出来了但仍未采取措施补救，就会导致自疗型出轨。当双方或一方被责任、孩子、婚姻誓言、经济负担或一成不变的生活压得喘不上气时，夫妻间的隔阂太大会让他们灰心失望，将就了事，婚姻也就成了鸡肋。52岁的布兰登就是这样。他已经结婚26年了，他不再爱他的妻子，日子还凑合，已经七年没有性生活了，四年前开始分房睡，各过各的。"我真的不想伤害谁，但不知道自己还能假装快乐多久。"那么，这么多年布兰登是怎么应付过来的呢？答案当然是自疗型出轨。"那位女士和别人不一样，可爱极了。她让我乱了阵脚。我应该闭嘴，不该胡说受够无性婚姻了这样的话。我不想要这样的生活。"就像下班后喝杯酒求放松一样，布兰登一直在用婚外情来减轻苦恼。外遇和喝酒一样，只在短期内起作用，比直面问题更令人头痛。

然而，自疗型出轨的念头会很强烈。即使在丈夫发现她的不忠后，35岁的斯蒂芬妮仍和情人见面，又纠缠了三年。她承认部分原因是自己自私，但最主要的原因还是自己需要婚外情。"我的触觉很灵敏，而我丈夫不。他不像我一样开放。刚结婚时，我以为自己能适应，但现在越来越难适应了。我一遍又一遍地向丈夫解释我希望他怎么做。"斯蒂芬妮的烦恼不是一天两天的事，婚外情带来的兴奋感如此强烈，与伴侣的关系却渐渐疏远，她似乎别无选择。

共同特征

- 双方都感到失望和不满，但未能以建设性的方式表达出来。

- 问题由来已久，以至于出现婚姻危机时，两个人谁都不能确切说出所以然来。

- 夫妻之间越来越生疏，各过各的生活。一团和气，因为连争执的兴趣都没有。

- 面对不尽如人意的关系，各有各的解闷途径。被出轨方很可能专注于工作，或者从孩子身上寻找安慰。虽然这种举动不像出轨那么具有破坏性，但一样是对婚姻关系和另一半的视而不见。

- 自疗型出轨通常持续六个月或更长时间。

- 过去可能有过不忠行为，但没有从中吸取教训，或者当时草草了事，无心消除夫妻之间的隔阂。

- 中年人更容易出现自疗型出轨。在人生的这个阶段，我们面临着道德现实（也许是父母的去世），认识到自己无法征服世界，孩子和伴侣都不可能是完美的，更可悲的是，担心生活只会更糟。

- 自疗型出轨通常是一种增强自信或重申欲望和力量的手段。

应对方式

从表面上看，自疗型出轨似乎难以挽回。然而，更重要的是认识到它积极的一面：所有的问题终于摆在明面上，双方的注意力现在都集中在这段关系上了。摆脱自疗型出轨困扰的一个好方法是使用翻转技巧，即做与之前（已被证明是失败的）截然相反的事情（翻转）。例如，如果你总是欲言又止，那么现在就得果断说出你的想法。如果你快要爆发了，那么就试着数到十，保持理智。如果对方忽略了一些小细节，比如把户外鞋放在走廊里，那么现在就解释一下是什么让你恼火，一起讨论别的解决方法。这些改变不仅能增强你的信心，还会让你们更接近问题的本质并着手解决。对于从未真正争吵过的夫妻（只是偶尔拌嘴或小声嘀咕）来说这可能意味着第一次吵架。如果你们是这样的夫妻，不要惊慌，就像黎明前的黑暗，你们的关系只有经历磨难才能迎来曙光。

不忠的阶梯

自疗型出轨大约处于不忠的阶梯的中间位置。处于阶梯低层的出轨如果不加以控制就会发展成自疗型出轨。与朋友发生婚外情的塔尼娅就是这种情况。"出轨不像我想象的那样帮助我恢复了对丈夫的性欲。它在某种程度上强烈提示了我婚姻中难以化解的矛盾，让我更清楚自己想要什么，同时也赤裸裸地揭露了我心中的缺憾。我觉得我正处于十字路口，这一刻绝对至关重要。这是重塑自我的绝佳机会。"如果第三者特别投入，或者出轨方已经产生依赖心理，自疗型出轨将会走向三角恋型出轨甚至是退出型出轨。任何一种药物的使用（本质上，这就是自我治疗的意义所在）都容易让人成瘾。对婚外性行为上瘾的人容易物色多个伴侣，这就是下一种出轨类型的特征。

5. 花心型

唐璜是一位传奇的花花公子，他的形象首次出现是在 17 世纪的西班牙文学作品中。从此之后，各种书籍、戏剧、歌剧和史诗中频繁出现由他造成的伤心人、愤怒的丈夫和恼羞的父亲，但唐璜们死不悔改。这个史诗般的人物之所以能引起人们的兴趣，是因为在某种程度上他反映了我们真实的生活。我时不时在咨询室里遇见唐璜先生或唐璜小姐，一个典型的例子是杰克。他是个 20 多岁的帅哥，似乎每天都很忙碌。他的另一半霍莉稍年轻一些。他们已有两个孩子，还不到 20 岁时他们就同居了。他只正式承认了一桩外遇，但霍莉声称他至少有 12 个情人。"我喜欢女人。我和她们相处得很好。我一有困惑就找女人倾诉。""在酒吧里？"霍莉插嘴道。杰克却回击道："你也有外遇。""那会儿我们已经分手了。"霍莉立即反驳。这对小夫妻说他们会为不忠问题争吵不休，直到气氛变得难以忍受，杰克会回到父母身边住几天。等他回家后，他们会激情做爱，谁都不提之前发生的事儿。"有时候，我觉得没法跟他过下去，但又不能没有他。"霍莉说道。

与世俗的观点相反，女人也花心。米娅已婚，不但有长期的情人，偶尔还会一夜情。"他们让我兴奋，让我感到自己强大、被需要。"但这很少给她带来内心的快乐。"我记得有一次我坐在一个情人的车里不停地用头撞挡风玻璃。"嫉妒心会让她做一些不理智的事。"有一次，我假装有意买房，让房产中介带我去另一个男友的家参观。厨房的墙上挂满了他和女朋友度假的照片，照片里的他们看起来扬扬自得、快乐极了。趁经纪人不注意，我在照片上写下了大大的'骗子'二字。这样我的情人就会知道我造访过。"和许多花心的女性一样，米娅小时候曾被性侵过，自我评价很低。

她丈夫要么睁一只眼闭一只眼，要么憋在心里生闷气，比如她怀上了别人的孩子，他只是咕哝着走开。米娅最终得到了专业人士的帮助，但治愈的过程漫长而复杂。

你可以想象，与唐璜先生 / 小姐这样的人交往是很累人的，需要极强的忍耐力。不过，从外在形象看，他们开朗、自信，很有吸引力，不难理解为什么有那么多人前仆后继地"献身"。那么，如何判断你的配偶、男友 / 女友到底是属于花心型，还是属于相对不太严重的求助型呢？看看下面列出的特征，是否令你感觉熟悉，就会做出判断。

共同特征

- 唐璜先生／小姐一开始会用专一、奉承和送礼物等手段，引诱目标上钩。

- 他们强烈的欲望几乎能征服所有他们感兴趣的目标，因为对方沉浸于爱情片的浪漫氛围里，很快就会同意发生性关系，相信遇上了真爱。

- 唐璜们应对压力的能力很差，一旦出现问题就玩失踪。花心型出轨通常发生在性欲高涨的时候。我采访了30岁的男士丹尼尔，他每周射精20次，上个月和18个人发生过性关系，其中包括他的伴侣。我问他为什么会这么多（无论是次数，还是性伴侣的人数）时，他解释说："可能是因为最近某件事情让我感到紧张，也可能是因为我太好色，又不想总是打扰我的爱人。"

- 唐璜们认为性爱可以帮自己逃避现实或战胜不愉快的情绪。其实，很多人都喜欢用性来暂时填补内心的空虚。

- 从表面上看，唐璜们都开朗自信，但骨子里却很自卑，需要通过肉体上的征服来不断证明自己。

- 他们经常会玩一夜情，同时"经营"几段恋情。

- 关于自己的行为对他人的影响，他们的认识是扭曲的，要么把这当私事，要么说对方小题大做。"一种身体的本能，就像上厕所一样正常。没什么大不了的。"丹尼尔这样解释自己的行为。

· 面对滥情的证据时，他们要么愤怒、防御，要么痛悔流泪，博取同情（归咎于童年遭遇或人渣前任等），但说话很少算数。

应对方式

和唐璜先生／小姐断绝关系并非易事，一方面是因为他们总是发誓改过，另一方面自己实在割舍不下这份浪漫和热烈，刚开始有多甜现在就有多苦。丹尼尔的妻子黛比说："我们俩的性爱很神奇，好像我俩体内的每个细胞都在以相同的节奏振动。"（可以说，这种兴奋的感觉就是征服或被征服带来的快感。）然而，一个人不可能一直生活在激情中，这种外遇极其有害。当你发现男友／女友像唐璜一样花心，且交往的时间还不长，听我的建议：吸取教训，赶快分手。如果你不是第一次和这种人交往，那么需要自问，为什么自己总是对危险的男人或放荡的女人感兴趣。答案的线索可能就在你和父母的关系中（更多内容见我的另一本书《好好恋爱》）。

结婚多年对方依旧花心，怎么办？遇上这样的伴侣，大多数人都满心厌恶，但还是选择了视而不见的态度。我赞同他们的做法，因为除了眼不见、心不烦，没有什么更好的替代方案。一种应对策略是与对方协商基本原则。43 岁的朱斯蒂娜嫁了个双性恋。她接受了丈夫的同性伴侣，只要丈夫晚上回家就行，但禁止他与别的女人发生关系。"只要他让我知道他在干什么就成。换成以前，他总是糊弄我'没什么事'。现在至少还能跟我聊他和那些男人做的肮脏事，我听完大笑一声也就过去了。"这不是一般人能做到的，但朱斯蒂娜认为"如果真心爱一个人，就能容忍对方的小缺点"。还有一种应对策略是结束这段关系。你或许威胁过要分手，或者真的分手了，但是他发誓一定改，求你再给一次机会，你就又回到他身边。痛苦的经历告诉你，说过的话他扭头就忘。

不忠的阶梯

这种婚外情是发展阶梯的"高位"。第三者太多，一个接着一个，不可能演变成三角恋。因为伴侣已经不在乎了，花心男 / 女的婚姻会半死不活地维持着，很少会演变成退出型出轨。

6. 三角恋型

与其他类型的出轨相比，三角恋型出轨的持续时间较长，而且对出轨方和第三者来说这份感情意义更重大。持续时间长的原因有多种：夹在中间的人（出轨方）做不出取舍或不满足于现状，或者第三者很难缠。三角恋型出轨的特征就是"耐力极强"，毕竟三角形是最能够承受负荷的稳定结构。为什么那么多人困在三角恋中出不来呢？也许是因为人们对三角关系非常熟悉。大多数人的第一段感情就是三角形的：婴儿、母亲和父亲。另一个原因是，伴侣之间的亲密关系容易让人爱恨交加。人类是社会性的动物，需要爱和被爱，但也经常面临被所爱之人拒绝或控制的风险。相比之下，三角恋可以通过分散负荷来调节亲密关系。戴安娜王妃令人印象深刻的一句话是，"我们的婚姻中有三个人，有些拥挤"。每当主干关系过于紧张时，夹在中间的人可以随时逃进第三者的怀抱中。这就像一个安全阀，可以暂时关闭所有的麻烦。虽然三角恋型出轨很煎熬，但绝不会太过分，因为出轨方已事先承诺。比如威尔士亲王和王妃的婚姻，他们的三角恋是相互匹配的。就像其他类型的出轨一样，三角恋型出轨也有目的性；因此，即使出轨方结束了一段外遇，也很容易开始另一段外遇。正如结过三次婚的商人詹姆斯·戈德史密斯的名言所说，"当一个男人跟他的情妇结婚时，他就创造了一个空缺机会"。

杰姬今年 55 岁，结婚 21 年了。她已经有十几年没有和她丈夫发生过性关系了。在过去的七年里，她一直和一个比她年轻的男人搞外遇。"虽然一开始有点像坐过山车一样吓人，但婚外情极大地改善了我的生活。我有了倾诉一切的密友，也有了最棒的性爱，我们在各种让人意想不到的地方约会。终于有人陪我一起大笑了，我变得更年轻、更快乐。没有他我会很孤独，我不会放弃这段感情。"三角恋型出轨和退出型出轨的区别在于，情人们无法长期共同生活。杰姬解释说："这会让我的孩子和两边的亲人都特别难过。再说，我年纪大了，不能和他生孩子。但谁也无法想象我们到底有多亲密。"我认为她丈夫起过疑心，但出于某种原因没有干涉，或者得知了真相但不想让婚姻"触礁"。

共同特征

- 这类婚外情通常持续两年以上。

- 出轨方的婚姻关系看起来比较稳定，但外遇会给婚姻关系蒙上一层阴影，破坏夫妻间的温情。

- 出轨方爱第三者或者动了真感情，他们向往一起过日子，还会一起安排周末生活甚至是度假计划。

- 外遇已经从一种应对机制升级为出轨方生活的重要组成部分。

- 作为夹在中间的人，出轨方在伴侣和情人之间左右为难，既想守住婚姻带来的安全感和地位，又不愿放弃婚外情带来的刺激。

- 信用卡账单、手机和电子邮件账户等现代科技的产物很容易暴露婚外情的蛛丝马迹，所以，被出轨方能一直一无所知，要么是格外天真，对伴侣绝对信任，要么寄希望于婚外情自行结束。

- 当三角恋型出轨被揭穿时，出轨方反而如释重负。
- 夫妻双方的原生家庭中很可能都有不忠或离婚的历史。这可以解释为什么被出轨方能够忍受岌岌可危又近乎羞辱的关系，以及出轨方为何认为自己的行为是"正常"的。
- 即使外遇被揭穿，出轨方也会继续游走于伴侣和第三者之间，让所有人陷入更大的痛苦。

应对方式

发现三角恋型出轨后最该做的是尽快结束。然而，出轨方与第三者有了感情，甚至有了孩子，怎能说断就断。如果出轨方能轻易抛下一段真感情，那么他就不可能用心解决婚姻关系中存在的问题。怎么办呢？第一步，现实一点。与你的伴侣讨论他想如何结束婚外情，而不是向他强加你的主意。开诚布公地商量出折中方案。如果事事都按你说的来，你看到的只能是伴侣仍在背叛你。如果你做到公正合理，相信他也不太可能继续欺骗你。

如果伴侣太过轻易地答应和第三者断绝关系，你反倒要问他的计划是否可行。这样满口答应可能只是在安抚你，嘴上说说罢了，如果你信以为真的话，就等着碰壁和失望吧。第三者可能纠缠不休，阻止他们见面几乎是不可能的，比如第三者会突然去你伴侣的公司。这场面让人抓狂，但你一定要沉住气，否则你的伴侣会因图安生而继续向你隐瞒真相或者哄骗你一切正在往好的方向发展。保持好的沟通渠道才能讨论出解决之道：把实情告诉第三者的伴侣吗？要不要委托律师写一封警告信给第三者？

如果你的伴侣不能或不愿放弃第三者，那就随他的便吧。我知道，把胜利拱手让给情敌既痛苦又可怕，但从长远来看这样做更好。你将在下一章中读到，他们的婚外情很有可能不攻自破，伴侣慢慢意识到自己选错了。你们要齐心协力改善关系，只要有一方心不甘情不愿，你们的关系就一日不得安宁。

不忠的阶梯

三角恋型出轨唯一令人放心的地方是，它很少会演变成退出型出轨。一段婚姻关系中总有一些强大的东西，只要你有耐心，婚姻的优势就能重新发挥作用，让你和伴侣之间的联结变牢靠。

7. 探索型

当今社会，人们喜欢和他人攀比财产、资历和生活方式等。虽然这种文化倡导我们心怀大志，但也会让人心生嫉妒和不满的情绪。恰恰是这种心态让人萌生了探索型出轨的念头。处于人生十字路口的人们，比如说，年近 40 或者孩子离家求学的人会越来越质疑自己的人生选择，好奇"如果……"的答案。例如，"如果我一直和初恋情人在一起的话""如果我没有结婚"或者"我承认自己有双性恋倾向的话"……事情会怎样发展。

探索型出轨就像是对未知世界的探索，得到的结果有两种：一种是出轨方发现外面的花花世界并不美好，回归家庭；另一种则是，出轨方从此踏上崭新的旅程，离婚了。因此，很难判断探索型出轨的严重性有多大。

一般而言，探索型出轨是短期的，而且大多数会涉及性爱。在我遇到的案例中，大约有一半的出轨方对他们的婚姻比较满意，但按捺不住强烈的好奇心，想体验与别人发生性关系的快感。这些人通常"英年早婚"，夫妻性生活过得像例行公事一样，或者次数非常有限。

探索型出轨的另一个起因是出轨方觉得很难开口向另一半提及自己的性欲望。"我19岁就结婚了。当时，作为一个'好'女孩，我对性一无所知。我丈夫是天主教徒，他虽然年龄较大，但在性方面非常含蓄。每次的房事都是匆匆忙忙完成的，不尽如人意，有时甚至是痛苦的。"希娜说道。她认为婚外情改善了她的婚姻。有三个孩子等着她照顾，她做了全职妈妈，会接一些计件的工作。后来，她和给她送材料并监督工作的男人走到了一起。"我可以从情人那里学到很多东西，他更有经验，为了不引起怀疑，我把这些技巧一点一点地运用到了我和丈夫的房事中。"

庆幸的是，她的丈夫一直没有发现，但还是发生了一些让人心有余悸的事情。"有一天，从情人那里回来的路上，我追尾了。

我慌了一阵：没有理由出现在那个地方，我该怎么解释，但这份恐慌很快使我恢复了理智。孩子们大些了我就出去工作了，信心也就增强了。这段外遇没有继续下去的必要了，于是我们冷静了下来，自然而然地分手了。"

婚外情往往解决不了任何问题，反而会使出轨方陷入进退两难的境地。外遇的经历使他们对自己的另一半更加不满，但由于许多探索型出轨没有被发现，因此也没有很强的动力去解决婚姻问题。结婚第六年，33 岁的梅根有过一段探索型出轨。"我学会了怎样更好地欣赏我的丈夫，但我也认识到自己错过了什么。"她考虑过告诉丈夫，但害怕离婚。"我一直努力分散自己的注意力，压抑情绪，上针灸课，读自助书籍。"婚外情给她带来的后果是两年的抑郁症。

共同特征

- 大多数探索型出轨的出轨方会发现"路边的野花"不一定更美，从而珍惜自己已拥有的一切。

- 很难判断探索型出轨的严重性。在某些方面，探索型出轨类似于求助型出轨，只需要做一些较小的改变就能扭转乾坤，但也有可能使已紧张的关系陷入致命危机。

- 对于婚外情的起因，出轨方通常声明只关乎性。

- 出轨方可能自己都不清楚这段外遇对他意味着什么，也许只有在事后回想时才会意识到这是他们婚姻的一个重要转折点。

· 探索型出轨的经历，会让出轨方意志消沉、心神不宁。原因在于出轨方希望伴侣能变成另一个人，所以与其他类型的外遇不同的是，探索型出轨看起来好像没有退路可选，感觉做什么都无济于事。

应对方式

探索型出轨非常令人沮丧。你的伴侣想从外遇中找到自我满足，而你并没有什么令他不满意的地方。在这种情况下，所有的努力和改变都收效甚微。愤怒是常见反应，有那么多方法可以重新找回青春，增强自信心，探索不同的生活方式，为什么非要背叛婚姻啊！该怎么办？我的建议是，还是要关注那些可以改变的事情，比如你的行为和沟通方式，而不是纠结于不能改变的事情。我会劝你停止争论或证明另一半犯下的错误，不然只会浪费精力，徒增烦恼，让对方更加固执，跟你作对。忍一时风平浪静，先缓和家里的紧张气氛才有望开展富有成效的讨论。

不忠的阶梯

探索型出轨不意味着会发展成退出型出轨。然而，对配偶之外的性感到好奇很容易成为生理和心理的双重需要，此时，探索型出轨就会变成自疗型出轨。

8. 退出型

有些人出轨的原因是爱上了第三者，他无法想象没有第三者的生活。这种情况下，大多数出轨方都会明确告诉另一半：婚姻到此为止。撕破脸的过程很难看，夫妻变成陌路人，关系恶化到不共戴天的地步。退出型出轨就像是拿着大喇叭互相叫嚣，丢人现眼、毫不留情。

弗兰克和珍妮都50多岁了，过着相对独立的生活，只有女儿和外孙们来探亲时，他们之间才会正常交谈。他们已经多年没有做爱了。"我想了很久。我们应该趁着两人都还不太老，早点离婚另找他人。但珍妮是天主教徒，离婚对她来说是不可想象的。"弗兰克说。"我们相处的时间太少了，这是唯一的问题。"珍妮打断了他的话。弗兰克解释："因为我的公司有一份大合同要完成，我不得不就近租一套公寓。"事情很快就明朗了，弗兰克忙碌的工作至少要持续18个月之久，而且他生怕生疏了他那点手艺。"不管怎么说，独立生活对你是有好处的。你会变得更加自信。"弗兰克对珍妮说。

我猜测，弗兰克的情况是人还在心已远。他来我这儿咨询的目的不是想挽救婚姻，而是想把婚姻里的烂摊子转嫁给我。这只是我的猜测，因为弗兰克并没有明确表达，只是暗示了他的潜在意图。只要弗兰克打算对珍妮说心里话（可能性极小），她就会泪流满面，甚至到歇斯底里的地步，这样他就会安慰她。治疗过程徒劳无功，我们结束了咨询。六个月后，他们又回来了，这次是珍妮发现弗兰克与一名女同事有染。弗兰克的外遇就像是在无法用言语沟通的情况下，给珍妮传递了一条不容忽视的信息。虽然他的婚外情很快就结束了，但他们还是以离婚收场。

42岁的马丁也有过退出型出轨。"大约十年前，我和妻子经历了一段相当坎坷的时期。在今天看来，我们应该在那个时候就做了断。我记得当时我可以走，也应该走。事已至此，说什么都是事后诸葛亮。"婚姻已经是完全为了争吵而存在，恰巧这时候他遇到了第三者。和许多退出型出轨一样，马丁并没有从出轨行为中得到多少乐趣。婚外情对他来说好像是两害相权取其轻而已。"我觉得出轨更容易招致不幸，可能会毁掉好几个人的生活，哪怕只是短时间的。"马丁说。

共同特征

- 婚姻关系长期不和睦。
- 之前可能有多次出轨经历，只是没有被抓住证据而已。
- 出轨方几乎无意伪装，被发现了也不会心生悔意。
- 出轨方的态度往往非常冷淡，被抓现行后拒绝回答任何问题。

- 被出轨方沮丧、愤怒，心里一团乱麻却理不清头绪，两个人一直处于质问阶段，问题得不到解决。
- 出轨方退出婚姻时表现得像个自私固执的少年。如果是因为找到了灵魂伴侣而离婚，他会为新恋情狂喜。如果是因为感情破裂而离婚，则闷闷不乐，沉默寡言。

应对方式

在退出型出轨中，你很容易执着于"剧情发展"而忘记照顾自己。请记住，你正在跨越一场人生危机，所以不要太为难自己。从朋友和家人那里寻求支持应对压力（例如多做运动，体育锻炼可以缓解忧虑，有助于睡眠）。不要让你的孩子承受太多的心理负担。从长远来看，孩子们需要和即将离开的父亲/母亲保持良好的关系，所以不要把孩子当作矛盾的调解人。

不忠的阶梯

毋庸置疑，退出型出轨是婚外情的最高层级。然而，这并不一定意味着你的婚姻关系全无希望。退出型出轨有可能退回到探索型出轨，或变成极端的求助型出轨，最后的结局可能是出轨方又回来了。

- 想清楚这五个问题再做决策 -

一般来说，了解出轨的类型和诱发因素能让人更明确如何解决问题。如果你还没有想好下一步怎么走，这里有五个问题可以帮助你找到答案。

1. 对于婚外情，你应该负多大的责任?

回顾一下"步步紧逼的质问"阶段的公式：已经存在的问题＋沟通不畅＋诱惑＝不忠。在了解了各种类型的出轨后，你觉得自己和另一半的沟通质量如何？在不用低声下气、放下自尊的前提下，你能做哪些事情改善关系？

解读答案

想让关系得到质的改善（比如，多听、多说、抒发胸中感受、表达诉求、投入更多的陪伴时间），就得做持久战的准备。如果你俩几乎不沟通或根本无法沟通，或者越沟通关系越糟糕（比如，像老鹰一样紧盯着对方的一举一动，或者把对方当作隐形人不理不睬），那么你应该认真考虑什么才是明智的选择。

2. 你的伴侣是什么样的人？

先抛开他出轨时的所作所为（自私、有破坏性和有伤害性的行为），在人格上，你的另一半是什么样的人？善良、体贴、勤奋、慷慨？你还能想出哪些美好的品格？那么，是什么让你俩难以共处？

解读答案

回忆婚姻历程（先不谈目前的外遇期和刚认识时的蜜月期），如果你的伴侣基本上算是个好男人或好女人，我认为你应该珍惜这段关系。如果蜜月期的热恋结束后，你的伴侣表现出冷酷无情、控制欲强、神经质、辱骂或暴力行为，那么你就得慎重考虑了。如果他的关爱只是你主观认为的，而不是客观事实，或者只是他在特殊时期刻意为之的"积极表现"（比如，激烈争吵后求和好的阶段），你也应该考虑是否要离开。问题的核心是他的真实品格，而不是你希望他成为什么样的人。

3. 你对伴侣的感觉如何？

你喜欢你的伴侣吗？你爱他吗？尊重他吗？你俩有共同的目标和梦想吗？

解读答案

虽然盲目的爱情本身并不足以维系婚姻关系，但如果你还是很爱你的伴侣，尤其是结婚是出于对彼此的爱和尊重，那么就有值得争取的东西。共同的约定和兴趣也是修复情感的有利条件。你的感情很强烈，即使是负面的感情（怨恨、愤怒、复仇等），都能说明你们仍爱着彼此。如果你的感受是麻木的、无动于衷的，那么我怀疑你已经没有什么动力让这段关系起死回生。我们往往认为爱的反面是恨，但实际上是冷漠。

4. 你俩分手会影响其他人吗？

在我所做的"英国人出轨情况"线上调查中，这项提问是拯救婚姻与否的最关键因素。85% 的受访者关心婚外情对家庭的影响，这是情理之中的事。遇到危险时最先保护自己的孩子是自然反应。

这项研究证明直觉是正确的：离婚真的会伤害孩子。20 世纪 70 年代，加利福尼亚过渡期家庭中心创始人和执行主任朱迪丝·沃勒斯坦博士决定研究家庭破裂对孩子们造成的冲击。她从律师和法院推荐的 60 户家庭中招募了 131 名年龄 2 岁至 18 岁的孩子。正如她所料，年龄较小的孩子难以入睡，大一点的孩子在课堂上难以集中注意力，青少年则会悲痛、愤怒。18 个月后，她对这些孩子进行了回访。然而，结果让她惊讶，孩子们并没有像她期望的那样恢复正常生活，苦恼没有缓解，反而更严重了。于是，沃勒斯坦决定在离婚后的第五年、第十年以及第20年，对这些家庭进行跟踪调查。以下是她的主要发现。

十八个月

- 父母离婚带来的动荡和痛苦并没有得到明显的缓解。
- 三分之一的幼童不相信别人说的话，坚信父母会重归于好。
- 只有十分之一的孩子对父母离婚感到欣慰。他们年龄较大，目睹过家庭暴力，害怕自己或父母中的一方受到伤害。

五年

- 大约三分之一的孩子情况较好。在原来的家庭中，父母公开争吵，气氛很糟糕。他们还和父母双方保持着良好的关系。
- 然而，有三分之一的孩子情况明显恶化，出现临床抑郁症状。沃勒斯坦在报告中提到："有些父母只是把吼叫之地从厨房换到电话里，或者在接送孩子时当面吵架。幻想破灭，离婚并没有结束冲突。"
- 大多数孩子仍然希望父母能够复合，即使一方或双方已再婚。正如一个孩子对沃勒斯坦所说的那样，"离过一次婚的人就能再离一次"。

- 即使父母认为离婚的原因显而易见，但很少有孩子真正同情父母，或者真正理解父母为什么会离婚。

十年

- 五分之三的孩子认为父母亲中至少有一方抛弃了自己。
- 一半的女性和三分之一的男性仍然对曾经的伴侣心怀怨恨。
- 四分之一的儿童的生活水平急剧下降。
- 不过，有一半的成年人对离婚后的生活比较满意，认为离婚没什么好遗憾的。
- 离婚就像买彩票一样不可预测。沃勒斯坦说："在我们的研究中，最烦恼、最忧愁、最焦虑的孩子中的一部分会在十年后表现良好，反而是一些当时问题较少、看起来沉着平静的孩子后来都状况不佳。所以，不能根据他们一开始时的反应来预测长期影响。"

解读答案

如果你和另一半已有孩子或家庭关系较复杂，我认为不到万不得已不要轻易离婚。如果没有孩子，只是担心你的家人会伤心或失望的话，继续投入这段婚姻就不太明智了，也许不忠行为已经敲响了早期预警。

5. 你的伴侣对修复关系有多投入？

他有没有恳求你再给一次机会？是否真的很后悔？有没有充分认识到所造成的伤害？他做到言行一致了吗？还是嘴上说一套背地里做一套？

解读答案

如果你的伴侣很想回归健康的关系，这无疑是加分项。如果他犹豫不决，事情就比较难办，但还有挽救的希望。也许他还在给前情人发短信或写电子邮件，但是这些不应该成为你放弃的理由。此时的根本问题应该是"我想要的结果是什么？挽回还是分手？"先别去考虑"如果我努力一点，婚姻是不是还有救？"

– 犹豫不决 –

违背诺言又重修旧好是一件很难的事情，每个人都会灰心失意，不知道生活如何继续。所以会有人一直陷在决策阶段，思绪混乱，寻不到方向。如果你也这样，可以看看是否出于以下几种原因：

等待伴侣的信号。

或许你的伴侣也在纠结给不了你明确的表态，或许他口头上的允诺不足以说服你做出决断。不管是哪一种，他都得用实际行动表明自己的诚意。那么，你想要他如何证明自己回归家庭的决心呢？例如，再来一次蜜月旅行，不要指望你的伴侣会读心术，你要直接告诉他你的想法。

把责任推给伴侣。

如果你想等他表明立场后自己再行动，就很容易陷入被动的局面。怕遭受双重打击不敢主动出击，等待你的就只有绝望。相比之下，争取自己想要的东西的人更能掌控关系的发展。

想再权衡一下。

拿出一张纸，画线分成两栏，在一栏里写下所有你觉得该留下来的理由，另一栏里写下离开的理由，进行比较，颇像用老贝利①顶端的正义女神像所持的天平来评断。遗憾的是，我们不可能将已知的今天与未知的明天权衡比较，心里自然七上八下。试着像医生一样诊断病情，从你俩的关系中寻找康复的迹象，而不是像法官一样评判去和留。在你的婚姻中是否有值得争取的东西？还是，你想复活死尸？

---

① "老贝利"（Old Bailey）是"英格兰和威尔士中央刑事法院"的别称，因该法院坐落在老贝利街，英国人将法院大楼叫作"老贝利"。——译者注

给出轨方的寄语
决策时间

- 自从婚外情曝光后，伴侣或情人一直管你要承诺，这令你备感压力。

- 有些人觉得一刀两断有什么难的，但是一部分人面对伴侣和情人的确难以取舍。

- 如果你犹豫不决，那么先问自己：婚外情对我到底意味着什么？为了回答这个问题，先回顾一下出轨的八个类型：意外型、求助型、自疗型、报复型、花心型、三角恋型、探索型和退出型。

- 扪心自问，是否还有其他方式能满足你的需求？还有什么方法可以让你自我感觉良好，觉得被人爱、被人需要？

- 离婚会有什么后果？孩子怎么办？如果你的情人也有孩子，当继父／继母会是什么感觉？需要明白的是，离婚可不是孩子们短时间内就能适应的小事，而是改写童年的重大事件。

- 尽量避免脚踏两只船。每个人都很痛苦，没有完美的选择，离婚与否你都面临着失去。

- 如果你需要独立思考的空间，请清楚、详细地告知另一半你要离开多长时间。例如，回你父母家冷静一个周末。选择一个能让伴侣觉得安全的、不会怀疑与情人碰面的地点，让自己好好思考问题。

新技能：坚定信心，有效决策

决策是商界人士的重要课题。那么，我们可以从管理学领域学到什么？如何将这些管理学知识应用于个人问题呢？好的决策需要满足以下条件：充分考虑所有的选项；对证据进行适当的检验；决策适时，目标明确。

让我们来看看如何将上述几项应用到出轨问题上。首先，你考虑过所有的选项了吗？心力交瘁时，比如分手或面对恶魔般的人时我们会眼一闭心一横"当机立断"。结果呢？什么都没考量清楚就做了决定，忽略了很多折中的选项，比如睡沙发一段时间或者周末回父母家冷静一下。良好的决策过程需要对事实进行检验，而不是主观断言或假设。因此，有必要去咨询法律意见，并解决好财务问题。

考虑所有的证据也很重要。可惜，我们倾向于过分重视最容易找回的记忆，这些往往是最近发生的或者高度情绪化的事情。（换句话说，严重依赖于过去几个月的记忆，忽视了关系发展的整个历史）。我们倾向于记住那些对自己有利的证据（心理学术语叫"自我服务偏见"）或支持我们观点的证据（所谓的"确认偏误"）。

检验决策是否正确的另一个标准是有没有适时进行。我曾辅导过一些人，他们过快承诺挽救婚姻，但实际上他们还处于震惊阶段，对实际情况一无所知。另一个极端是，夫妻俩一拖再拖，不做出积极的改变或者决断，最后对现状麻木。对于大多数人来说，发现不忠行为后的两周到两个月的时间是做出决策的最佳时期。

最后，良好的决策需要有明确的目标。这些目标是有针对性的、具体的、可衡量的。例如，做婚恋咨询并定期复查，或每两周一起出去玩一晚上。

是什么阻碍了你做决策？根据我的经验，停滞在这一阶段的夫妻倾向于通过辩论来解决分歧，而不是询问彼此的想法。辩论是一种竞争行为，双方都试图说服对方，并为自己的过错开脱。辩论的结果是一方"赢"了，另一方"输"了。相比之下，询问是通过合作解决问题的方法，双方都对不同的选择持开放态度，并接受建设性的批评意见。询问的结果是双方都有所收获，也都在某些方面做出让步。

概　要

- 出轨的类型有八种，了解你的伴侣属于哪一种将有助于评估继续经营关系的可行性。

- 出轨的类型会变，刚开始时是这一种，但会慢慢变成另一种更严重、更具威胁性的出轨。

- 决定去留时最好像医生一样诊断婚姻关系的整体健康状况，而不是像法官一样权衡证据。这一点非常重要，因为人们往往高估了重新联结的难度和时间与精力上的损失，低估了离婚风波隐藏的持久性的伤害。

- 如果你只顾着猜测伴侣的感受或绞尽脑汁说服他留下来，无暇顾及自己的内心想法，那你就很难做出理智的决定。

- 停滞在决策阶段毫无进展的原因很有可能是双方并没有真正关注改善关系这件事，而是纠结在承诺上。被出轨方要求出轨方给出保证，或者出轨方觉得自己有义务改变。

- 练习 -

应对情绪的起起落落

如果你的心情正从狂喜跌向绝望，那么你很难保持头脑清醒。为了缓和情绪波动，平衡理性与情感，请试一试下面这些冥想方法。

- 当你感到恐慌或绝望时，双腿分开与肩同宽，然后站着别动。或者方便的话，找一把椅子坐下来，挺直后背。如果你是在私人空间，可以闭上眼睛。
- 不要让你的大脑飞速运转，把注意力集中在自己的呼吸上。
- 感觉空气正在缓慢地进出你的鼻孔。
- 当胡思乱想惴惴不安时，竭尽所能抛开这些念头，再次专注于空气进出鼻孔的感觉。
- 想象一下呼出的是黑色的负面情绪，吸入的是白色的正面情绪，这样你会渐渐平静下来。
- 坚持五分钟左右，或者直到你感觉情绪已经平稳。
- 如有必要，经常做这项练习。做熟了你会发现控制情绪其实并不难，也能避免大脑过度劳累。

站在十字路口

当我们面临艰难的决策时很容易惊慌失措，要么立即选择当时看起来简便易行的方案，要么被众多的选项搞得晕头转向，不知所措。这项练习旨在帮助你找到一条中庸之道。

1 拿出一张纸，中间画一个十字，用箭头标记两端，以表示从这个十字路开始的不同方向。

2 想出四个备选方案，并围绕路标指示方向依次把四个选项写下来。如果你想不出足够多的选项，可以写"待在原地"，但是最好在四个方向上都写下不同的选项（听起来荒唐或不可行也无妨）。如果你有四个以上的选项，在路标上添加其他方向并标注这些额外的选项。

3 想象一下沿着每个方向走会是什么结果。闭上眼睛，尽可能多地在脑海中幻想可能的细节。然后总结一下你认为的每个方向上的未来生活状态。

4 最后，想一想你对每一个方向所持的感受。你愿意往这个方向走吗？如果你选择了这条路，在更远的未来会有什么等着？

5 没有一个决定是完美的，那么哪一种选项似乎是最好的呢？

每日随笔

这项练习的目的是帮助你发觉内心的那枚指南针，找到前进的方向。

- 每天在一张新纸上手写你脑海里闪现的想法。不用在意标点符号、拼写或语法错误，只要将你的意识原原本本写出来就可以了。

- 这些事情可以极其平庸（如，我有没有把猫放出去？），也可以非常深刻（如，我对余生有什么打算？）。只要是你想到的东西都写下来，直到写满那张纸为止。如果实在不知道写什么，就一遍又一遍地写"我在写"三个字。

- 每天重复这个练习，或者每周至少做五次。

- 这些内容通常会是自怜的、重复的、幼稚的、愤怒的，听起来很傻或完全是胡说八道。没关系，写完就收起来。

- 此刻，这项练习只是为了排解泛滥的情绪，而不是为了了解什么。所以继续下去，写完就归档。

- 第一周结束时浏览一下写过的内容，不管是啰唆的还是沉闷的，都不要紧。你有没有注意到什么模式或需要关注的问题？

- 日复一日地写下来。到第二周或第三周的周末时，你会发现这些文字似乎在建议你什么。

- 此时，这项练习就会演变成一种理解自我内心世界的冥想行为。你不妨多写点，从一页纸增加到两三页。

- 到第一个月的月底，回顾一下你写过的所有内容。你能看到哪些变化？你的情绪和态度和之前有什么不同？你对另一半和他的不忠行为的感受有没有改变？

- 在僵持阶段（当修复关系的行动似乎没有任何进展的时候），每日随笔会帮助你厘清思维，并在难挨的时刻（当你总是对他生气的时候）净化你的情绪。最重要的是，与伴侣相处的新模式会逐渐浮现出来。耐心一点，继续写下去。

- 如果每日随笔中出现一些新的内容，而你觉得这些与伴侣的出轨无关，请不要感到惊讶。例如，你可能想唱歌、跑步、学吉他或参加读书俱乐部，这些都是找到平衡和重塑自己的好方法，从长远来看都有帮助。

检 查 站

顺利通过第三阶段"决策时间"的三个关键点:

1 确保你掌握了诊断出轨的严重程度的一切必要
信息。

2 考虑清楚对其他人的长期影响。

3 集中精力实现你所期望的结果,不要轻言放弃。
即使失败,至少尽力过就无愧于心。

希望

Hope

发现出轨

愈合伤口

在经历了前三个阶段的颠簸之后，好不容易到了较为平静的第四阶段。被出轨方开始相信婚姻关系有望从灾难和混乱中幸存，也许是因为出轨方终于坦白了之前一直搪塞或回避的细节，也许是出轨方表现出了温柔的一面。因此，被出轨方会认为另一半真的深念旧情。

48岁的安妮塔说："我感觉血液终于循环畅通。我知道这样的比喻很奇怪，但是直到放下那折磨人的警惕性，我才意识到自己之前的状态有多紧绷。"虽然在前三个阶段你未曾放弃希望，但那些往往只是昙花一现或是一厢情愿。相对来说，第四阶段的希望建立在坚实可靠的行动基础上，而不是口头承诺或轻率表态。在这个阶段有些人会感觉两个人像开始恋爱时一样愉悦。

然而，希望是人类最脆弱的情感之一，这个阶段的短暂性和不稳定性就成了必然。即便自信心遭受了打击，或者第三者再度纠缠，但你仍希望保住这段关系，我会在本章的后半部分帮你重获信心，保持乐观。如果你们的关系如你所望得到了改善，但你仍惴惴不安，我会提供一些策略支撑并坚定你的信心。但我首先得解释为什么说两个人会退回早期的阶段是正常现象。

安妮塔和理查德的咨询进行得很顺利。但是有一天，安妮塔把洗干净的衣服收进理查德的衣柜时，发现了一只小泰迪熊玩偶。她立刻起了疑心。"我肯定没给他买过这种东西。直觉告诉我是她送的礼物。儿子给我看了她给理查德发来的暧昧短信，我顿觉前功尽弃。"当理查德承认自己的行为时，她再度"震惊与怀疑"。"我又一次被背叛了。那红缎子做的玩偶又可恶又脏，他怎么会留着这么没品位的玩意儿。他真看得上一个拿廉价泰迪熊当礼物的女人吗？这说明他对女人的品位如何。这件礼物向我提示了什么？"安妮塔很快就进入了第二阶段"步步紧逼的质问"。

理查德解释道："礼物没有任何意义，我已经忘得一干二净了，不然我早就扔掉了，不会留到现在。"安妮塔直截反驳："你心里想留作纪念。"很明显，这几天他们来回吵了很多次，痛苦、不快和纯粹的反感让他们怀疑是否还有复合的希望。安妮塔说："我真能忘掉这一切吗？太伤人了。今天早上上班时我不自觉地坐在停车场里发抖，强打精神才走出了车门。"理查德也同样意气消沉，担忧不已，他说："情况一点都没有好转。我想她永远不会再原谅我了。"这是第三阶段"决策时间"不可避免会冒出来的想法。如果你也这样那就折回去看看前一章的内容，会发现有用的提示。

幸运的是，当你们第二次、第三次、第四次折回去后，反倒容易重拾希望。在经历安妮塔的多次质问后，理查德终于承认刚分手的时候他挺在意那件礼物。"我想这就是我留着它的原因。不过，我现在也纳闷自己怎么会喜欢这种礼物，简直是疯了。我不明白以前为什么被她吸引。"为什么一开始不这么说呢？理查德这样解释："我以为向安妮塔否定这礼物的意义会更好。没事儿干吗让她再受挫呢？"安妮塔很快澄清了自己的立场："我能看出你是否在说谎。你不说实话的样子，会勾起我之前所有的焦虑。所以，我真的很感谢你现在能对我开诚布公。"在泰迪熊玩偶风波后，理查德意识到自己不再迷恋第三者。他们迈出了关键性的一步。

- 找回希望与信心 -

无论你在希望阶段是否真的遇到了困难，还是偶尔灰心失望，这里有四个策略可以助你重拾信心。

珍惜脆弱的时刻

日子难过的时候人总是念旧或者担忧未来，因为活在当下是最难的，但也只有活在当下人才能真正体验快乐。剧作家丹尼斯·波特在患癌去世前不久接受了一次电视采访。在摄像机前他一根接一根地抽着烟，并从随身携带的扁壶中大口吸食吗啡。他的妻子患有乳腺癌，比他早九天去世了。

然而，他仍然能够找到一些小小的喜悦。"你唯一能确定的就是现在时态。恰恰相反，现在的我内心平静，珍惜当下，为生命而欣喜。举个例子，我家位于罗斯镇的院子里，花开得正艳。那是一棵李子树，花朵看起来像苹果花，不过是白色的。静静地欣赏李子花就好了，不必说'哦，开得好漂亮！'上周，我在家写东西的时候，透过窗子看到了有史以来最洁白、最柔软、最生机盎然的花朵。"波特也许没能活到李子成熟时，但这并不重要，重要的是他如何对待生命最脆弱的时刻。遗憾的是，许多处于出轨风波中的人没有心情享受他们的"希望"阶段，因为他们不惊叹于花朵的盛放，而是担心果实会腐烂在泥土里。其实，全家人可以去海边度假，让生活更充实一些。

"安全第一"契约

在希望阶段，被出轨方想重建对另一半的信任，但做起来总是那么难，根本无法根除一些障碍。"安全第一"的契约有助于弥补安全漏洞，出轨方需要用更加坦诚的行为向另一方证明自己。38 岁的珍妮特经历一场网恋后主动提出将书房里的电脑搬到客厅。"把电脑放在客厅，我先生就能看到我在网上购物，而不是在聊天。不仅如此，我也减少了上网时间，利用休息时间和他一起看电影。"她说。在制定安全第一契约时，需要考虑以下几个问题：

· 你的伴侣平均每天多久与你联系一次（通过电话／短信／电子邮件）？你自己多久与伴侣联系一次？

· 对私人通信进行何种程度的检查是可以接受的？

· 如果你的伴侣要晚点回家，他应该打电话给你吗？晚多久才有必要给你打电话？十分钟、半小时、一小时？

· 如果你的伴侣仍然与第三者有接触，该怎么办？（发生在工作场所的婚外情特别难办。怎样才能减少他们在一起的时间？哪种交往是可以接受的？什么是不能接受的？你想了解多少关于他们相互接触的信息？）

· 日常生活中，哪些改变是可取的，或者说是可期待的？例如，换一条路或换一种交通方式上下班，或者暂时退出朋友圈，因为这些活动都可能与婚外情有关。

- 你怎样争取而不是强求上述改变？

订立一个安全第一契约，可能需要好几次对话，但这是练习有效沟通的好机会，出轨方也可以借此"赔罪"。可惜，人们很容易陷入追责和狡辩的恶性循环中，得到的是绝望而不是希望。那么如何避免这样呢？

选择一个双方都相当放松的时间来交谈，不要在刚争吵之后。同样需要强调的是，契约里提到的改变事项只是为了未来几周而设定的，毕竟目前个人的自信度和对彼此的信任都还处于低谷。两个月后，珍妮特的丈夫帕特里克建议把家里的电脑再搬回楼上，因为他晚上总是电脑不关机，时不时想查看工作邮件。

在确保你放心的前提下，尽量减少对私人通信的干扰。帕特里克决定向珍妮特索要她用来与情人交流的私人电子邮箱的密码，但不会看她的工作账户。"我不想无休止地翻阅备忘录和办公室笑话，我在自己的公司看得已经够多。不过，主要原因是，我不想让人觉得自己是个偏执狂。"他解释道。

最后，你可以通过向另一半提供积极的反馈来确保安全第一契约的顺利进行。例如："我真的很感激那通电话，因为我已经开始担心了"或"你可能觉得我在检查你的行踪，其实我真的很喜欢和你聊聊白天发生的事"。

如果伴侣透露了一些令人不安的消息，你自然会生气或愤恨。但是，平静下来后还是感谢他的坦诚吧。回到本章开头提到的安妮塔和理查德的案例，理查德告诉安妮塔，他在超市里遇见了以前的情妇，这一消息触动了安妮塔的引爆点。理查德说："安妮塔指责我仍然想见情人，所以才跟踪她。还说告诉安妮塔这件事只是为了掩盖我的真实想法，是假惺惺的行为。"在那一周的咨询中，理查德表示今后再有类似的事情他会慎重考虑要不要说。还好，安妮塔让步了。她请求原谅："其实，我很高兴你能告诉我。但那一刻，我的内心被妒忌侵蚀着，因为你伤我太深，我需要以某种方式发泄负面情绪。"通过道歉和肯定对方的诚实，她让安全第一契约得以延续。

回想出轨行为的细节

到了"希望"阶段，大多数基本问题（谁、何时、何地）都已经被提出并得到了答案。目前，被出轨方还剩下一个未解决的问题：为什么。回顾婚外情的细节似乎是一种拖垮希望的馊主意，但这确实是治疗过程的重要组成部分。在脑海中重现出轨行为的细节有助于被出轨方将自己的生活按照某种秩序重新安排，并弄清楚所发生的事情的意义。对于出轨方来说，了解外遇带来的全部影响也是很重要的。回答伴侣的问题，并进行全面披露，不仅能帮助出轨方解除与第三者的关系，也能让他更好地理解自己的行为（婚外情是从隐瞒和欺骗伴侣开始的）。当出轨方还在对第三者抱有幻想时，重现婚外情的具体细节就变得非常重要。

布莱恩和蒂娜结婚八年了，他们的孩子还在蹒跚学步。当持续一年的婚外情被发现时，蒂娜欣然同意结束婚外恋并接受咨询，但进展甚微。问题出在蒂娜对情人仍然有深切的感情。她说："轻轻一按开关就可以断绝某一段关系的话，我会这么做，但事情并不是那么简单。"除了外遇的基本情况之外，蒂娜一直拒绝讨论任何细节。她的沉默看起来像是在呵护一件浪漫而特殊的恋情。在我的鼓励下，布莱恩终于开始追问细节：当她和情人见面时，她是怎么照顾孩子的？那个男人是怎样瞒着自己的妻子与她约会的？聊完这些后，我问蒂娜的反应。她说："他的所作所为听起来相当卑鄙和虚伪。我曾以为他是一个善良可敬的人，但实际上他对待他妻子的态度很恶劣。她毫无保留地相信他，而他滥用了妻子的信任。"

回想伴侣的出轨行为很容易引发新一轮的争吵。那么，为了改善关系而做的积极努力与纠结于不幸之间有什么区别呢？

· 回想内容包括将外遇发生、发展的时间顺序与你生活中的其他事情进行对照。伴侣的出轨给你的生活带来了什么样的影响？

· 回想细节的同时试着理解你的另一半在整个出轨过程中的动机和思维模式。当他周末与情妇在一起时心里在想什么？当她为了幽会，把孩子送到她母亲家时心情如何？你的伴侣和第三者是如何设想未来的？

· 回顾出轨是为了给层出不穷的新问题提供答案。态度温和一点，感谢伴侣的配合（能配合表明你俩可以合力解决难题）。相反，有些人会无休止地沉湎于痛苦的回忆，不是惩罚自己就是惩罚伴侣。

· 回顾旧事是为了明确哪些是不争的事实，哪些是胡乱猜测。

· 回想出轨行为的细节有利于用积极的眼光看待问题："为了把过去的不愉快抛诸脑后，我需要再回顾一遍发生的一切。"这时候，合作就是你和另一半携手重建美满关系的有力证据。

　　在接下来的案例中，我将解释回想出轨行为的细节对重建信任有何影响。朱莉，31 岁，她在怀孕期间发现自己交往了四年的伴侣有外遇。那天，她参加了一个好朋友的婚礼，但因为身体不舒服提前回家。她离开后，伴侣与同席的一位女客人聊了起来。朱莉愤怒地说："我必须知晓所有确切的细节。我是一名分析师，细节对我很重要。他在两周内和她睡了两次，两次都是喝酒后。他好像经常给她发短信。但是，他坚称自己只见过她五次面。最让我难过的是谎言和欺骗。事实上他不会拒绝她，对他来说，伤害我可比拒绝她简单多了。我看了他们之间的聊天内容，她显然是进攻者（就算她知道我怀孕了）。所以，我的怨恨大部分都转移到了她身上。或许不该全怪她，但她也确实够死皮赖脸的。"

那么，朱莉有没有经历满怀希望的阶段呢？"有，一直都有！他终于对我敞开了心扉，他的坦诚让我看到了希望。他说出了对婚外情的感受，经过一段紧张激烈的对话，我们找到了他不快乐的根本原因。"朱莉和伴侣继续在一起是向生活妥协，而不只为了兑现对彼此的美好承诺。"让我欣慰的是，我们有共同的未来，而且我能预见到未来的美好。这种感觉真幸福！说实话，我有很久没有体会到幸福了。"她说。

享受性生活的改善

在我的"英国人出轨情况"调查中，走到希望阶段的夫妻中有 83% 的人表示他们的性生活有了显著改善。一位已婚 20 年，被丈夫背叛过的 51 岁女性说，她的性生活从一个月一次（大多数时候，不是每个月都有）增加到每周三次。另一个例子是 46 岁的米兰达和她的丈夫，他们十几岁时就相识了，结婚已经 20

多年。米兰达的丈夫在一家豪华酒店工作，在那里他和一位同事发生了四个月的婚外情。"他出轨之前，我总是觉得性生活索然无味，但始终无法告诉他我想要什么。当外遇发生后，我们需要用一种不同的方式重新拼凑已经破裂的关系，恰恰是这个过程解放了我们的性生活。"出轨行为改善夫妻性生活的现象并不罕见，有 15% 的人表示，伴侣的出轨迫使他们在做爱时尝试新体验。

那么，这背后的原因是什么呢？许多受访者表示，婚外性爱让他们获得了渴望已久的心理安慰，也有一些人说出了更深层的内涵——通过婚外性体验改善与伴侣的性生活。

当发现妻子与旧情人有染后，51 岁的彼得称自己做爱时变得既疯狂又激情。"有时候，我被她出轨的事挑拨得兴奋不已，想象着和她做爱的是他而不是我。我真是太悲哀、太变态了。"

我认为外遇之所以能改善夫妻性生活，需要从根本上谈起。我们的性征分为两部分：自身内在性征（让我们兴奋的接触方式、个人性偏好、达到性高潮的生理过程）和关系特定性征（化学反应、伴侣之间内在性征的交融、更广义的关系中的性表现）。如果我们和伴侣相处的时间很长，就会对关系特定性征非常熟悉，以至于忽略了自己的内在性征。然而，婚外情的刺痛让夫妻双方都猛然惊醒，想起自己的个人喜好。当人的内在性征（我们真正喜欢的）而不是关系性征（双方都不介意的）被重新唤起时，会产生爆发性的欲望力量。

我们在第二章中提到过保罗和特蕾西这对夫妻。保罗透露自己的不正当友谊最终演变成肉体出轨后，他们大吵了一架。不过，他们很快开始疯狂做爱。保罗说："就像自助书上描述的那样非常激烈。但是，事后特蕾西转过身去，好像厌恶我似的。说实话，我也没跟她那么热乎。"

可喜的是，他们的性生活变得日益积极了。事情是如何改变的呢？他们过了一段时间才看清楚所经历的变化。最后，保罗这样形容："她变得更温柔了。我不想很快达到高潮，尽可能持续更长时间。完事后我们会亲密地拥抱在一起。"他们还讨论了很多关于性爱（保罗称他与情人之间的性关系）和做爱（他们夫妻之间的性关系）的区别。

在此次对话过程中，他们做到了对彼此前所未有的坦诚。特蕾西说："我以前不愿意被打扰。"保罗说："如果我经常得不到我想要的性爱，我就会生闷气。"为了缓解矛盾，特蕾西总是喝一杯酒让自己进入兴奋状态。但是，特蕾西的做法进一步加剧了保罗的不满。他说："她只有醉醺醺的时候才想碰我，令我不悦。"交谈后，特蕾西意识到自己需要做更多的努力。保罗也表示："我确实有点孩子气，太自私。"他们的性生活变得更真切、更有意义。

如果你没有获得性爱奖励，怎么办？我会检查康复过程是否真正到达了希望阶段。如果你不愿意和伴侣亲密接触，你俩中的一方或双方很可能还停留在决策阶段。放心吧！不光只有你是这样。调查显示，有 17% 的夫妻即使对未来满怀希望，但仍没有做好恢复性爱的准备。在治愈好创伤，重建信任之前，他们不打算再与对方发生性关系，而信任通常是重燃爱恋的最后一个因素。在此期间，我建议你俩找一些不涉及性爱的方式来保持亲密接触：回到家或离开家时亲吻对方，随兴的身体接触（进出门时，用手轻触伴侣的后背，或者压力大的时候握紧对方的手）和依偎（最好是在沙发上或床上，持续十分钟以上）。

无论多么短暂，一起拥抱"希望"阶段的美好时光吧。订立安全第一契约，回想出轨行为的细节，享受性生活的改善或肉体的重新结合，你会更频繁、更持久地感到未来可期。（如果你还未达到"希望"阶段，那就看看练习：停止责怪。）在第三者和你抢人的日子里，你可能觉得天空很灰暗，担心你平淡的爱会输给偷情的快感，但即便如此，你仍然有理由保持乐观。

– 婚内恋 vs 婚外恋 –

婚内恋起起落落，有时候有初恋般的感觉，有时候却让人怠倦、失望、烦闷甚至恼怒。相比之下，婚外恋是一种由刺激感和新鲜感滋养的，火辣辣、甜蜜蜜的情感冲动。婚外恋如此诱人的原因正是能让人"堕落"。婚外恋情总是发生在魔幻的空间里：

那是一个不真实的世界，在那里，人们很容易把意乱情迷与真爱混淆，并天真地以为这段感情永世不变。

　　那么，如果出轨的人决定公开或者故意被发现，或者向大家宣布他们的新恋情，会发生什么呢？从理论上讲，地下恋情迟早会曝光，这对相恋的人走入夕阳。然而，事情绝非如此简单。他们虽然相知相惜，但生活不只是红酒和玫瑰，很多婚外恋经受不住现实的考验。珍妮搬去和男友同居后发现，新生活与她的期望格格不入。"我不得不正视他的缺点。他的书架上摆满了DVD和一套由电视剧改编的科幻小说。我知道他不喜欢阅读，但我没有想到如果我抱着一本好书早早上床他就会不高兴。但是，读书对我来说非常重要。当然，如果我们是在偷偷约会，时间紧迫的话，我也不会傻到去看书。"

　　看书不是他们之间唯一的矛盾。珍妮继续说："一开始，在床上共度周日早晨是一种享受，但我很快意识到我们之间的共同点实在太少了。我得绞尽脑汁才能让谈话继续下去。以前，这些似乎都不是问题。我们曾经谈过些什么？我忽然发觉，当时我们一直在担心我们的处境或者在计划下一次见面的时间，并没有什么深入的交流。"珍妮之前也意识到这些，但冲动阻碍了她冷静思考。

　　当一个人离开自己的伴侣另觅新欢时，他的期望值就会高涨。第三者是灵魂伴侣，与第三者的关系必须完美，绝不能差强人意。毕竟，出轨方已经放弃了原有的一切。即使在最理想的情况下他们的要求也很难得到满足。一旦内疚、羞愧和失望交织在一起，出轨方会不可避免地心怀不安，和第三者争吵。43 岁的迈克为了情妇，离开了相伴 15 年的妻子凯特。他说："我渐渐意识到自己犯了一个特大的错误。埃米莉很棒，但她有点公主病。在她生日那天我买了一堆礼物。她迅速拆开了包装，然后就是一阵不祥的沉默。她手里拿着第四件礼物问，'你给我买的重要礼物在哪里？'"迈克开始重新审视和妻子的关系。"我们的关系时好时坏，但我从不觉得我必须不断证明对她的爱，也不认为凯特以我带她去的餐厅、酒店或别的地方的档次来衡量我们的关系。在一个阳光明媚的下午坐在一家乡村酒吧外看看周围的世界，我们也能获得不少乐趣。"在婚外情的光晕下，他眼里的埃米莉是"白月光"，凯特是"蚊子血"。肾上腺素的刺激一消退，才意识到世界如此微妙。三个月后，迈克离开了埃米莉，和凯特一起开始接受咨询。

在这个问题上我也需要坦白。回首往事，23 岁的我有过外遇，背叛了和我一起生活的爱人。（我本应该鼓起勇气面对我们的问题，而不是跑去和别人幽会。但是，那时我很年轻，没有经验。）我永远不会忘记向朋友们介绍我的新情人的那个晚上。大家都彬彬有礼，但空气中弥漫着冷淡的气息。并不是我的朋友们对出轨这件事特别有意见，而是他们不喜欢我的情人。透过他们的眼睛，我也看到了她身上各种自己不喜欢的品质。不久之后，我就结束了这段婚外情。

通常情况下，当一对情侣开始求爱时，朋友和家人会提供重要的"审查服务"。有人会说"她是个迷人的女孩，但是占有欲太强"，或者"你看出来了吗？他不想和你分摊账单，也不想为谁吃什么而争吵"。旁观者的意见让我们退后一步权衡一下新的发现是否重要，然后做出慎重的判断。相比之下，婚外恋是在远离外界看法制衡的情况下秘密发展的。

总结一下两者的区别：

婚外恋	婚内恋
虚幻世界	现实世界
私密的	公开的
未经考验的	经过考验的
非黑即白	复杂的
没有根基	根基深厚
由肾上腺素刺激而迸发	循规蹈矩的
富有别样魅力	家庭内部的
念念不忘的	温和的
一般情况下没有孩子	有孩子
没有责任	有家庭责任

以上这些特征都有利有弊，但很明显，婚外恋终究会燃烧殆

尽，很少会转化为婚内恋。布鲁内尔大学的社会学家安妮特·劳森在 20 世纪 80 年代进行了一项关于出轨行为的研究，结果发现，在那些离婚的人中，只有 10% 最终与婚外恋情侣组建了新家庭。在我的研究中，只有 1% 的人为了婚外恋而选择离婚。即使是这少部分人的婚姻也不一定会有圆满的结局。雪莉·格拉斯博士在报告中提到，在与外遇对象结婚的出轨方中，75% 的人再度以离婚告终〔她在《不只是朋友——自由新闻》（*Not Just Friends - Free Press*）杂志上发表了她的研究报告〕。

如何抗击婚外恋

出轨行为被发现后，你的另一半有可能挽救婚姻，也有可能为了第三者而离开你。对于一些人来说，出轨即意味着婚姻的终结，但也有一些人想争取一下。如果你属于后者，你选择的是一条艰难的道路，但依旧能保持乐观。下面有五个策略帮你提高让另一半回心转意的概率。

1 放手让他离开。

通常情况下，我不建议分居，因为分居往往使问题更难解决，但特殊情况下我们不得不妥协。我曾辅导过的一些夫妻住在同一个屋檐下，但过着相对独立的生活。嫉妒心让这样的安静不攻自破，两个人之间仅存的好感都被柴米油盐等难以划清界限的争吵耗尽。

2 活在当下。

试着把注意力放在接下来的七天。制订长远计划是不可行的，而且搞不好会被"如果……会怎样""我该如何应对？"等焦虑淹没。回顾过去同样具有破坏性，很可能导致自我折磨或郁郁寡欢。话虽如此，活在当下也是很难的。所以，既然你受伤了，就对自己温柔点吧。

3 接受所有的邀请。

待在家里生闷气既伤害你的自尊心，也不利于重续关系。一个社交生活丰富多彩的、有趣味的人和一个垂头丧气、自暴自弃的人，哪一个更有吸引力？

4 六个月后重新评估。

乐观地去旅行，但不要错过缓和关系的机会。

5 确保你的伴侣出于真心回归家庭。

厌倦了新情人，还是坚定地想要跟你和好，两者之间有很大的区别。这个时候人很容易放下疑虑，以为从此就能过上幸福快乐的生活。然而，要做的事情还有很多，你们的关系还需要经历一些阶段才能得到修复。

左右为难

如果伴侣的出轨让你很痛苦，那么接下来讲的内容会加剧你的痛苦。情人可能已经公开实情，但你的伴侣还是无法决定自己该走向哪一方。左边是婚姻，通常还有孩子、共同的经历和财产，可能还有还算不错的夫妻关系；右边是难以抵挡的新感情和未知的诱惑。在出轨的过程中，出轨方和第三者已经建立了比性爱更深层的联系。三角恋关系就像爱情拉锯战一样，出轨方先是被拉向第三者的一边，随后又被拉向婚姻家庭的一边，双方旗鼓相当，胜负难分。

45岁的西蒙呻吟着说："我不知道该往哪一边走。我的情人深深地吸引着我，我们幻想着一起生活会怎样。不过，我知道我妻子不想离开我。结婚纪念日那一天，我们本来说好不交换礼物。不过，她还是偷偷在我车子的方向盘上放了一朵红玫瑰。这真的是一个非常温馨的表态，看到那朵玫瑰我的心怦怦直跳。"西蒙正试图在一段三年的婚外情（这段外遇让他在性和心理方面都感到满足）和20年的婚姻以及三个十几岁的孩子之间找到平衡。但是这三年来，他一直犹豫不决，哪一边都不想放弃。他觉得自己被双方的期望束缚得无法动弹，该怎么办呢？

我很同情他，但我帮不上忙。婚姻咨询并不是帮客户做出选择。我从刚获得辅导员资格的时候开始，一直在倾听案主们讲述回家和离开的利与弊。做选择确实是一件痛苦的事。但是，我能做的只是帮助客户更好地理解他们陷入两难境地的原因。

几周后，西蒙再次联系我。他决定好好经营他的婚姻，于是我为他和他的妻子西莉亚安排了一次咨询。然而，我还是无法修复他们的关系，因为西蒙的婚外情还没有正式结束。他或许不再与情人见面或发生性关系，但他们每天都会通几次电话。西蒙解释道："我告诉她我正在努力挽救我的婚姻。她很难过，所以我也有点反悔了。""也就是说，你还没有告诉她你们之间已经结束了，对吗？"西莉亚问。"没有明确说。"西蒙回答。

他在全家出国度假期间突然"玩消失"，西莉亚对此特别难过。当她找到他时，他正在一个安静的角落里用手机和情人聊天。西蒙说："她摔断了胳膊，情绪很低落。我觉得我有责任保护她，我不能抛弃她。除了我，她没有别的人了。"这时，西莉亚打断他："但是，你是我丈夫。"

在西蒙和西莉亚争论的过程中，我明显感觉到他们俩都被这段婚外情扯成了两半，只是方式不同而已。西蒙想努力改善婚姻关系，同时也不想断绝与情人的联系。"我的计划是让情人慢慢戒掉对我的依赖。"西蒙说。他曾向一位女性朋友请教过，这个朋友让她出轨的丈夫继续和情妇见面，直到那女人移情别恋后，他们才彻底摆脱了婚外情，再度走到一起。

和西蒙一样，西莉亚也同样摇摆不定，一会儿想这样一会儿又想那样。她低头说道："也许，我应该好好考虑西蒙的建议。"停顿了一会儿，她转向西蒙："你的意思是还要去见她？你可能还会和她上床。"西蒙承认有这种可能性。西莉亚狠狠瞪了他一眼。我问她在想什么。西莉亚的身子几乎要缩进椅子里。她叹了一口气后说道："我受不了了。我希望我能更坚强一些，说不定西蒙真能把她赶出他的生活……"她的声音渐渐消失了。她当然想挽救婚姻，但代价是什么？三角恋的僵局本身就让人心劳计绌，双方的优柔寡断和摇摆的态度更加剧了羁绊。婚外情被发现近三个月后，他们的婚姻似乎走到了尽头。

如果换作是你，该如何挣脱？如果你是被出轨方，犹豫不决可能永远走不到"希望"阶段。不过，你还是可以改变的，与其把命运交给伴侣决定，不如自己掌握主动权。你的另一半可能不知道他想要什么，但你自己要想清楚什么可以接受，什么不能接受。

当西莉亚坚定立场后，他们的咨询完全变样了。"我不能和别的女人住在一起。她随时都会发短信或打电话过来，我受不了。如果西蒙想继续和她纠缠，他就不应该与我和孩子们住在一起。我要求他搬出去。"她的决定让西蒙打起了精神。"我非常爱孩子们。搬出去住对我来说太可怕了。"他试图协商周末回家陪孩子们，但西莉亚坚决反对：他不能回家。随着西莉亚不再软弱，西蒙尝试他的"断绝依赖"计划。"我是罪魁祸首，怎么能让我妻子再经历离婚的痛苦呢？"他下定决心和情人摊牌，撇清关系。"我猜她没有把我上次说的话当真。再这样拖下去事情会更糟。"

产生积极结果的原因有几个。西莉亚明确了什么是可以忍受的，什么是不能忍受的。她的态度既不是出于愤怒，也不是出于威胁，而是出于深思熟虑，因此她能够坚持下去。此外，西莉亚把危机限制在一个小的可控的时间范围内。她要求西蒙暂时离开，直到想清楚自己真正要什么。与此同时，回家的大门一直为他敞开着，妻子的包容也给了西蒙莫大的支持。

打破僵局的第二个手段是停止猜测。当艾玛的丈夫放弃了他们四年的婚姻，与女友住在一起时，她始终无法理解他时而积极、时而消极的行为。"他会带她去一个我们以前经常光顾的酒吧，那里有他的好朋友做调酒师。婚外情被发现两个星期后，他还带她去参加了他哥哥的婚礼。"艾玛确信，他这样做是为了故意羞辱她。让她深感意外的是，他给她发了四封邮件。"他说很抱歉伤害了我，并让我随时打他的新手机号码，还叫我替他向小鸟宝宝（他送给我的情人节礼物）问好。"她认为他在表达和好的意思。话又说回来，她丈夫的行为可以有别的解释。他可能是为了喝免费的酒而去参加婚礼，没有想过要羞辱她。他发邮件可能是为了减轻罪恶感和良心的谴责，而不是为了重归于好。作为一名心理医师我看到的是一个想要公开"脚踏两只船"的男人，但这一企图很可能让两个女人都不开心。然而，猜测是没有意义的。我们可以从不同的角度理解伴侣的行为，我们的回应也可以有多种解释。形势变化如此之快，无意义的假设只是白白浪费精力。

如果你也喜欢猜来猜去，那么你可以向另一半解释清楚你的疑虑，并要求他给予明确的答复。回头看一下艾玛和她丈夫的邮件。她应该要问"你为什么要联系我？"并让对方做出回答和澄清。玩字谜游戏只会带来更多的困惑让她越陷越深。尽管她丈夫还要和别的女人住在一起，她仍想打电话和他见面，这样的"宽宏大量"只会纵容三角恋关系。她说："我在城里偶然遇见了他。他看起来很可怜，和跟我在一起时的那个笑容可掬、干净利落的男人大不相同。"他的变化让艾玛很难过，但她需要退后一步，等待丈夫做出最终的决定。

给出轨方的寄语
希望

- 还没有到全盘皆输的地步，你俩还是有可能重归旧好。

- 不过，你需要和你的前情人彻底决裂，让你的伴侣找回安全感。

- 你可能很关心情人过得好不好。但是，如果你抱有与第三者"保持联系"或"做朋友"的幻想，不仅会给对方传达错误的信号，还会让你的另一半陷入焦虑。你"天真无邪"的想法只会加重婚外情的伤痛。

- 如果是出于同事关系等原因无法彻底避免与第三者见面，那就尽量减少联系，只谈工作。也就是说，不要问她的母亲或他的孩子怎么样，也不要分享办公室里的八卦。

- 主动向伴侣交代可能与第三者打交道的一切场合，例如，展示电子邮件或短信内容（无论多么无关紧要），并提前告知共同参与的工作项目（即使还会有其他人参与）。你的这些努力会让另一半相信你值得信赖。

- 想在"希望"阶段的平静港湾躲避，而不是面对未知的惊涛骇浪，这是人的本能。尽管你已向伴侣诚恳道歉，但回答关于婚外情的"十万个为什么"让你寝食难安。但反过来一想，这实际上是向另一半证明爱还未枯竭的好机会。真诚和坦率正是婚姻浴火重生的希望。

- 伴侣想让你重新讲述出轨的细节。尽管令你郁闷，但重温外遇其实也是治疗过程的一部分。无论事实多么令人不适都比无端的想象要好。正如 31 岁的朱莉发现丈夫的出轨对象是在好朋友的婚礼上认识的女人时，她想了解整个经过，包括他们在床上的体位。朱莉说："我听得越多，整个事情就越没意思了。他说得多了，也开始怀疑这是他干的事吗？"

- 如果你想让你的伴侣重获安全感，那么就要对自己的行踪负责，有事耽搁的话及时打电话告知。如果你的婚外情与某些特定活动有关（例如，玩电脑、打网球或出差），请主动减少或暂时停止这些活动。

- 如果你放不下前情人或担心自己会想念他，就和盘托出你的想法，尤其是当你的另一半问起的时候。实话实说有利于获得信任，防止感情继续恶化。

- 割舍不下情人是正常的，缓解分手的痛苦需要时间，但痛苦并不意味着你的决定是错误的。

- 如果你的情绪从乐观转为悲伤绝望，请不要惊讶，这是受到创伤后的常见反应。只要遵循干净利落和安全第一的分手策略，在接下来的几周里，剧烈的情感波动会慢慢缓和。

新技能：从消极中汲取积极的能量

在了解"从消极中汲取积极的能量"这项技能的具体内容之前，先看看案例。

第一个例子摘自一份报纸。有一天早上，爱丁堡的约翰·埃亨从窗户望向自家花园，无意间发现有些东西不见了。"花园里摆着的一只装饰性的大狮子不见了。这只石狮在我们家已经有一百多年历史了。我的祖母骑过它，我母亲也骑过，我、我的儿孙们都骑过。"他抱怨道。碰到这种事谁都会生气，但约翰尽量从容地接受。"至少那些小偷挺有礼貌，走的时候顺便关上了大门。"

第二个例子来自我的案例簿。埃莉诺经历了一段艰难的时期。她深爱的父亲久病去世后，她的婚姻也瓦解了。她觉得自己没有能力照顾好两个年幼的孩子，所以把监护权让给了丈夫。在一次酒驾后，她被吊销了驾驶执照。这件事很有可能成为压垮她的最后一根稻草，但是，埃莉诺最终决定振作起来，去看积极的一面："虽然去哪里都要坐公交车很不方便，但我真的认为神灵在暗中保护我。如果不是警察拦下我，我可能撞车伤到自己和别人，结局会更糟。"

即使在最艰难的时刻，人们也能从消极中找到一点点积极的因素，虽然概率不高。我的一位客户谈到她父亲去世后，她母亲试着走出悲凉的心境。老人幽默地说："至少结束了我和你爸之间钢琴放哪里的'万年之争'。"

所有外遇的共同点之一是失落感，即使另一半彻底悔过自新，全力以赴改善关系，你还是会感受到丧亲般的痛楚。你会忍不住哀悼韶华流失和童话破碎，他无心的伤害还是毁掉了幸福。

然而，即使前路一片混沌，也能找到一些积极闪光的东西。归根结底，重要的不是生活的考验和磨难，而是如何诠释自己的经历，以及人生经历赋予我们的意义。为了帮助你掌握从消极中汲取积极力量的新技能，请参阅练习部分"将柠檬做成柠檬水"。

概　要

- "希望"是最短暂的阶段。在这段日子里，伴侣们对未来充满期待的同时，也会情绪低落，这很正常。

- 出轨方的态度将直接影响着关系能否快点恢复。然而，从肇事者过渡到治疗者是难度很大的。出轨后，认真回答另一半的质疑，向对方汇报自己的行动、感受以及与第三者的接触细节，都有助于接纳现实。

- 婚外情充满激情，但也脆弱得像阳光下的泡沫，五彩斑斓却转眼即逝。

- 当你下定决心维持婚姻，可一想起另一半的不忠就心怀怨怒时切记提醒自己：不良情绪只是短暂的，婚姻才是长期目标。

- 最后，走出出轨阴霾的良方之一是找到逆境中蕴藏的积极意涵，这是新见解和新常态萌芽的好机会。正向心态能延长"希望"阶段，而且当一些新的意外发现打击你的信心时，它能帮助你找到对策和归路。

在专属宴中找回恋爱的感觉

让关系恢复生机的早期阶段往往充斥着冗长乏味又气氛紧张的讨论。这些讨论是必要的，但会让人疲惫不堪。所以，给你的生活增添一点乐趣吧。

· 感情是有生命的，生命离不开养分。因此，每周抽出两个小时的时间与伴侣一起分享愉快的经历。

· 一起做事。除了谈论外遇和家事以及出去吃饭（最好避免喝酒）之外，还可以做其他的事情，比如说参观美术馆、淘旧货、去慈善商店、打保龄球、看电影或去当地的一些风景区旅游。

· 如果你觉得带上孩子或朋友更安全，那就带上吧。但我建议，逐步减少与家人和团体一起出游，多花精力安排一些优质的夫妻共处时间。

· 如果你想让专属宴如期进行，就提前安排好，不然会被各种事情打断，做出让步。（正因为你们的关系很容易给其他事让步才走到出轨这一步。）

· 要富有创造力。如果你们有小孩，又不容易找到保姆，那么可以把他们送到朋友家玩一会儿。早点下班，赶在孩子们回家睡觉前完成专属活动。记住，一次只需要两个小时就够了，别心疼时间。

- 理想的专属宴的三个关键要素是：乐趣、开心和嬉闹。

将柠檬做成柠檬水

柠檬又酸又苦，很难直接食用，但是将柠檬做成柠檬水就非常美味爽口了。以下是一些如何将你苦涩的经历变成甜蜜回忆的建议。

- 回想人生历程中三件当时觉得特别痛苦的事件，比如考试落榜、转校、弟弟或妹妹的出生，丧亲或父母离婚。回忆当时的感受、与这些事件相关的各种情绪以及当时你对未来的看法。接下来，将你的想象与实际发生的事情比较一下。你能准确预测不幸事件的影响程度和持续时间吗？你明白了什么道理？这些挫折给你带来了哪些正面影响？（以我个人为例：1997 年，我的第一位妻子去世。我通过写日记来排解悲伤，我的写作生涯也由此开始。）

- 回顾历史上的悲剧事件带来的正面影响。例如，二战结束后，联合国于 1945 年成立，该组织为各国提供了一个解决分歧的平台。联合国还催生了世界卫生组织和联合国儿童基金会等机构。你能举出三件看起来纯粹是灾难的国内或国际事件吗？能说出它们带来的积极结果吗？

· 回首过去的几个星期或几个月。自从发现婚外情以来，你是否对自己有了新的了解？你的什么表现令自己都惊讶？外遇事件是否使你对另一半刮目相看？你俩都有了哪些变化？

停止责怪

我们的社会喜欢追究责任（毕竟追责是法律体系的重要组成部分），讨论不忠行为时经常使用"无辜的一方"和"有罪的一方"等说法。遗憾的是，夫妻之间越互相指责越情绪用事，就越无法化解矛盾。所以，我不使用这些术语。几乎所有卡在"希望"阶段的夫妻，都陷入了无休止的怪罪、攻击和自卫的循环中。因此，当想抱怨时，提醒自己责备只会两败俱伤。下面的练习将帮助你走出困境。

1 拿出一张白纸，画十字线条把页面分成四栏。

2 第一栏写上你的名字，第二栏写上你伴侣的名字，第三栏写上第三者的名字，最后一栏写上任何一个你心里埋怨的人的名字，他们可能怂恿或协助你的伴侣出轨，或者没有尽到提醒你的义务。如果没有这样的人，第四框就空着。

3 在每个人的名字下面列出你责怪他的内容。比如，自己的那一栏里写下"我怎么会这么无知？"在第三者的名字下面写"她偷走了他的心"或"他占了便宜"。把所有的事情都列出来。

4 回看。有没有漏掉的事情？不管看起来多么愚蠢，把想到的事全部从脑子里抽出，搬到纸上。

5 再一次阅读清单，提出一些反驳意见："没有人能偷走他的心，出轨是他自己的选择"或者"我想相信她是最好的"。

6 最后做出放弃责备的承诺，并为你的这张责备清单举行一个小小的销毁仪式——烧掉、切碎或撕毁。

7 下一次当你发现大脑又开始引诱你责怪另一半时，提醒自己"我已经心无怨言"，并回想那张责备清单被销毁的情节。

加深信任

疗愈创伤重建信任，需要不断评估的核心问题是信任。被伴侣伤害之后，很多人会把信任问题看得非黑即白：要么绝对信任，要么坚决不信。实际上，我们需要把信任当作不断发展的过程来看待。请完成下面的练习：

不信任　　　　　　　　　　　　　完全信任

1　目前，你会把自己定位在什么位置？

2　在过去的几周里，你朝着"完全信任"的一端移动了多远？

3　写下所有你仍然信任另一半会做好的事情。例如，从学校接孩子、准备晚餐、支付汽车税、把他的工资存入联名账户、为你的母亲购买生日贺卡等。

4　继续下去，多写一些东西。

5　写下你在哪些事情上不信任你的伴侣。这些事情将成为你的"安全第一"生活规划的焦点。

6　这个练习的主要目的是证明即使在潜伏危机、踌躇不前的阶段，你的另一半还是比你想象的更值得信赖。

享受第四阶段"希望"的三个关键点:

1 专心过好当下的生活。回忆浓情蜜意的"黄金时代"会让你沮丧,同样,憧憬遥不可知的未来也会让你焦虑。

2 想一想你需要用什么来应付每天的生活,不要害怕提出要求。

3 拿自己和第三者做比较是一条死路。

第五章

努力恢复正常

Attempted normality

发现出轨

愈合伤口

许多人到达第五阶段时，都会如释重负。他们认为婚外情这出戏已经闭幕了：他们的伴侣要么决定"努力修复关系"，要么想"再试一次"。在经历了过去几周或几个月戏剧性的一幕幕带来的痛苦和赤裸裸的激情之后，一切似乎都归于平静。然而，这只是表面现象。我把第五阶段称为"努力恢复正常"，正是因为夫妻们迫切想要回到过去熟悉的生活模式当中，但是除了"要更加努力"的愿望之外，他们仍没有成功治愈创伤建立信任，也没有真正理解所发生的事情，更不知道如何继续。事实上，他们还没有涉及支撑生活的三大基本信念（在第一章中介绍过），这些信念现在因婚外情的败露而暂时破灭。

1　世界是仁慈的。(好人有好报。)
2　世界是公平的。(凡事都有因果。)

3　我是值得的。(因此，好事会来到。)

实际上，婚外情使人们担忧：世界是邪恶的(可怕的事情总是发生在善良的人身上)；这个世界并不公平(为什么会发生在我身上?)；我觉得自己一文不值(如果他真的爱我就不会出轨)。

因此我建议，进入第五阶段后，好好享受一下短暂的平静时光。在漫长而艰辛的旅程中，你应该稍作休息。但是，当坏情绪再度扰乱你的心境，或者生活变得出奇地平淡和灰暗时，不要感到惊讶。"努力恢复正常"这一阶段颇像你发现另一半出轨之前的几个月：一方面，一切看上去都很正常；另一方面，则暗藏着说不清道不明的担忧。拼图游戏还需要重要的一小块才能拼完整，但是你找不到那一块拼图。上次有类似的第六感时你发现另一半出轨了。难怪许多人会觉得婚外情死灰复燃，或者实际上并没有结束。你的怀疑并不奇怪，甚至有时候，还真的猜对了。

然而，我咨询的大多数案例中，发生的情况很不一样。都明白治愈创伤重建信任的旅程还没有结束。我们还需要更多的学习来维系爱情，重新建立仁爱的世界观，并再次信任对方。实际上，这就是拼图中缺失的那一小块，也是后面两章的主题。但首先，我们来看看你的不安和恐惧。你本能地担心一切会前功尽弃，再多的理性分析都不能让你安心。最糟糕的是，整个疗愈过程也会惨遭破坏。那么，到底发生了什么?

– 婚外情的"余震"–

按照地质学的理论，第一次地震通常是最严重的，但随后发生的余震杀伤力更大，因为不仅不可预测，而且能够使已经在主震中受损的建筑物彻底垮塌。婚外情的暴露就像是发生了强烈地震，而"余震"通常发生在评估损失和挽回感情的平静期，也就是一切看起来正在恢复原样的时候。婚外情的"余震"会继续破坏布满伤口的婚姻关系。因此，发生"余震"后，夫妻双方需要尽快签订"休战"协议，并付出更多的努力修复关系的裂痕。那么，是什么导致了"余震"呢？

在某些情况下，发生"余震"是因为被出轨方发现了，或出轨方自己说出了一些事情，或者婚外情以某种方式卷土重来。有时候，"余震"的具体原因则很难确定。但都会让婚姻每况愈下。对于婚外情的"余震"，大多数人会表现出三种不同的反应机制：压抑、念念不忘和过度警惕。

压抑

在"努力恢复正常"这一阶段的咨询过程中，我的客户经常满脸愁容地走进来。不用问他们过得怎么样，答案已经写在脸上了。一般情况下，发现者会坦言"还是很不理想"，而出轨方会抱怨"我们一直在为毫无意义的事情争吵"。挫折感加剧了他们对未来的担忧。因为，表面上看起来一切很顺利，但实际上，一方或双方一直在压抑自己的真实感受，尤其是焦虑感或内疚感。

奥利弗和萨曼莎的婚姻是一个很好的例子。他们俩都30多岁，有两个上小学的孩子。五个月前，奥利弗与萨曼莎的一个朋友发生了几次性关系，被发现后，他的第一反应是对整件事轻描淡写："没那么严重！""我觉得你反应过度了。"这是典型的压抑行为。在前期的咨询中，他终于卸下了伪装，向萨曼莎承认自己背叛了妻子，破坏了她的友谊，让孩子们无法再见到以前的玩伴。然而，到努力恢复正常阶段后，他又开始沉默了。"我不明白为什么要一遍又一遍地提起出轨的事。我已经够内疚的了。再三提起只会让萨曼莎更不高兴，我看不出有什么意义。"他不耐烦地说。

同样，奥利弗又在利用压抑手段来应对不良情绪。情况确实变得不乐观了，因为萨曼莎也开始压抑自己的感受："我不想再和奥利弗纠缠下去了。"显然，想修复婚姻，他们还有很长的一段路要走。

当有人感觉情绪长期被压抑，快爆炸时，只需要一点点小事，比如说话的语气，就能引发一场惊心动魄的争吵。争吵的杀伤力可能伴随着好几天的冷战和耿耿于怀。当伴侣们终于再次交流时，他们甚至搞不明白争吵是怎么开始的，为什么会吵得这么厉害。让人气馁的是，他们会认为"如果连小事上都不能和睦相处，那怎么能解决婚姻中的大矛盾呢？"

为了解释发生了什么，我们先来分析一下萨曼莎和奥利弗的一次争吵。一个星期六的上午十点，奥利弗正准备打开家里的电脑，想先回复电子邮件，再办理一些银行业务。萨曼莎给他端来一杯咖啡，叫他一起在院子里坐坐。一阵沉默过后，她一口喝光了自己的咖啡，准备割草。他很恼火，因为修剪草坪是他的活儿，他原本打算通过做这个活儿来讨好她，结果失败了。接下来的 24 小时里，他们要么互不理睬，要么话中带刺。听起来是不是很熟悉？割草这么平常的事情怎么会引出那么多的不愉快？下面还原了当时的情景，我还补充了他们压抑着真正意图。

萨曼莎："我们去花园里喝杯咖啡吧。"她真正想说的是：我们需要谈一谈，但我不想在孩子们面前说。

奥利弗："好吧。"他没有打开家里的台式电脑，而是把笔记本电脑带到了院子里。他用行动传达的意思是：我有很多事情要做。不要老是翻旧账，好吗？别破坏周末的美好！

他们在花园里静静地坐了一会儿，谁也没有挑起话题。

萨曼莎在想：现在是讨论你的外遇的好机会。说点什么吧，到目前为止我们的进展、咨询情况，还有如何走下去，别光坐在那里。

奥利弗把笔记本电脑放在膝上，但没有开机。他想表达的意思是：我不想聊外遇的事（笔记本电脑就像是他俩之间的一道屏障），但是如果你一定要谈，那就随你的便吧。我愿意配合，你看我还没开机呢。

双方都陷入了沉默。

萨曼莎在想：为什么总是我来努力维护关系？出轨的是他，但收拾残局的是我。

她狠狠瞪了他一眼，这种肢体语言传达的信息是：给我把笔记本电脑收起来！

奥利弗知道她在生气，但他什么也没做：是她想谈那件该死的事，现在却什么也不说。总是老调重弹。

萨曼莎把杯里的咖啡一饮而尽。她用肢体语言表示：我并不想打扰你的工作，但是你什么也不说，随你的便，我也不在乎。

她起身离开，准备修剪草坪。这时，她心里在想：我很忙，不像你，无所事事地坐在那里。没有你，我照样过得好。

奥利弗阻止了她，他说："我正想做。"他的实际意思是：给我一次表现的机会吧。

她没有理睬他，继续自顾自地忙着。她想表达的是：我在惩罚你，因为你伤害了我。我需要你的时候，你不体贴我。出轨的是你，不是我。

奥利弗搬来了割草机。他在用肢体语言表达：对不起，让我来割草吧。至少让我帮你做点事情。

他们怒气冲冲地一起打理花园。她心里想的是既然你出轨了，就不用假惺惺地来讨好我。

而他想说的是：你没看到我在努力吗？

他们把园艺设备收好时，她在想：如果他不肯交流的话，我们怎么能继续下去呢？他到底是什么意思？

而他在想：我做什么都是不对的，真扫兴！

他们说的话不到十几句，但在内心深处却进行了一场激烈的争吵，而且都感受到了同样的绝望情绪。他们非但没有积极处理矛盾，还都退回到各自独立的日常生活中。即使第二天早上他们和好了，说话了，也不能解决任何问题。当我在治疗室内让他们复述这场无声的争吵时发现，奥利弗和萨曼莎虽然都擅长于解读对方的肢体语言，但无力阻止争吵升级。原因是：

- 肢体语言很容易被误解。
- 即使是自己做出的动作和表情，我们也很难理解肢体语言的全部含义。
- 肢体语言容易引起歧义。对于同一个手势，一方可以说"你看起来很不友善"，而另一方却辩解为"我没什么恶意。"

在这项练习的最后一部分，我让萨曼莎和奥利弗进行同样的对话，但要把潜台词（肢体语言和憋在肚子里的话）讲出来。于是，整个对话变成这样：

> 萨曼莎："有几件事真的让我很失望，我们需要好好谈一谈。"
>
> 奥利弗："现在真的是谈话的好时机吗？孩子们都在家，我不想因为吵架破坏他们的周末。我们不能晚点再谈吗？"
>
> 萨曼莎："如果你是认真的话……"
>
> 奥利弗："当然。等孩子们都睡觉以后再说吧。"
>
> 萨曼莎："好吧。"

萨曼莎和奥利弗不仅清晰地表达了自己的想法，还进行了一次谈判。他们发现小事情往往能与重要的议题联系在一起。如果没有这些发现，他们既不能在家务上合作，也不能协调解决婚姻问题。如果你或你的伴侣一直在压抑自己的情感或忧虑，那么就在争吵之后的和好阶段，有必要深入讨论一下引发争吵的情绪火花吧。

念念不忘

念念不忘与压抑的表现是截然相反的。念念不忘的人不是想尽办法忘记，而是一遍又一遍地回想伴侣的出轨行为，奢望从中发现能够起到"止痛或麻醉"效果的信息。念念不忘的原因有时候是出轨方刻意隐瞒了一些细节（可能是出于所谓的善意，也可能是为了保护自己），或者是因为太过谨慎而交代或还原的细节无法让对方满意。如果你属于这种情况，请重新阅读第一章的"如何与你的伴侣交涉"和"改善你的沟通方式"两篇内容。

在"努力恢复正常"阶段，被出轨方的大脑可能进入往事不断浮现的状态。这可能是由某些特殊的事情触发的，比如肥皂剧中的出轨情节、报纸上的名人绯闻，或者另一半又很晚回家，但猜忌大多是凭空而来的，而且是不由自主的。闪回的生动画面带回被爱人背叛的最痛苦的回忆。35岁的伊莫金解释说："我上楼去收衣服的时候，突然冒出一个想法，那女人也来过这里。我再次感到被羞辱。我想把地毯撕碎，把床烧掉，因为他们在上面交媾过，这些画面逼真到让我难以忍受。"人们对婚外情情节的闪回做出的反应通常有两种：情绪泛滥和过度分析。

情绪泛滥

情绪泛滥指的是坏情绪势不可当，压倒生活中的一切快乐，必须重视。被出轨方能想到的挣脱坏情绪的办法似乎只有一个：全发泄在出轨方身上。毕竟，被出轨方理直气壮地认为表达真实感受是件好事。说得没错，但是要注意把握好分寸。当一个人被泛滥的情绪洪水淹没时，所有理智的想法也都一起被冲走，而用心呵护的情感也将一泻千里。

伊莫金说："我会痛骂加布里埃尔，对他说一些难听的话（比如我永远不会原谅他），实际上我并不是这样想的。我的怒气会越积越多，然后就说一些不过脑子的话。我知道我们的关系正在好转，但我一旦咆哮起来就怎么也停不下来。"这种非疗愈性的宣泄方式会助长怨恨，让关系变得更糟。如果一个人长时间压抑自己的真实感受就容易情绪失控。在加布里埃尔和伊莫金的案例中，坏情绪的伤害很大，令人无力承受。他说："我心里想她骂得对。我是个十足的浑蛋，我怎么能这么自私？我被愧疚感压得喘不过气来。我都怀疑我们的关系到底有没有得到改善。"不过庆幸的是，至少他俩之间的沟通渠道仍然畅通。当被出轨方开始大发雷霆时，出轨方往往努力克制自己的情绪，试图缓和紧张的局面。然而，出轨方的这种反应可能会火上浇油，让被出轨方愈发愤怒。那该怎么做呢？

如果你有情绪失控的迹象，首先要做的是尽力平复纷乱的思绪。只有平静下来你才能从自我毁灭的漩涡抽身。我要求伊莫金在脑子里多回放积极的情节抵消消极画面的闪回。伊莫金说："我记得那天我们去海边游玩，他在我从报纸上读到过的一家餐厅订了桌位。这表明他在认真听我讲，并记在了心里。我们在一起度过了美好的一天。"

接下来的一周里，伊莫金和加布里埃尔都开朗了许多。"我有过消极的闪回，但我立刻回想他在餐厅里握住我的手的那一刻，还有美味的小龙虾面条。"要尽可能详细地描绘积极的画面，还原当时体验到的所有感官刺激：味觉、嗅觉、听觉、视觉和触觉。不过，伊莫金心中的阴影还没有彻底褪去。当她告诉加布里埃尔自己很难过时，他深情地拥抱了她。"我感到很安心，他确实是爱我的，而且在尽他最大的努力挽回我的爱。实际上他完全可以不理会我脑子里闪现的乱七八糟的想法。"伊莫金激动地说（在练习部分"达成共识"里有更多关于这方面的内容）。

防止情绪泛滥的其他方法还有：

· 在脑海中竖起"停止"信号牌，将不愉快的想法推迟片刻。经历缓冲期后，往往就会大事化小、小事化了了。

· 转移注意力。告诉自己，情绪失控是一个人备受压力时的本然反应，驾驭情绪很难，但我能挺过去。翻阅一些积极的自助书籍，或者去跑步（做其他的体育活动也行）。运动能够消耗烦恼，提振心情。

· 学会自我安慰。比起拿伴侣或亲戚朋友当出气筒（看到他们，你会很容易想起自己是受害者），学会冷静下来更有益于自己。可以做一些擅长的事情（重建自我价值），或者纵容自己沉浸在一个令人着迷的爱好中。

- 写日记，当自己的听众。写完通读一遍，挑选出任何需要和伴侣沟通的要点。过一些时日再回顾一下日记，看看取得了哪些进展。

过度分析

念念不忘的第二种表现"过度分析"与第一种表现"情绪失控"正好相反。情绪失控的人行事鲁莽，不计后果，而过度分析者却表现得异常沉着冷静，大脑里充斥着各种分析和推理。从小，我们就被教育三思而后行，遇事要沉着冷静，做决定前要深思熟虑。当然，在解决数学难题、探究英法百年战争的起因等学术领域确实需要孜孜不倦的精神，处理婚姻家庭问题时也需要冷静思考。可是，理性分析和纠缠不休之间的界限并不明显。在"努力恢复正常"阶段，对另一半的不忠行为过度分析很可能让一切前功尽弃。

35 岁的夏洛特一直为自己优秀的推理能力自豪。当她发现丈夫迈克尔与她的闺蜜偷情后，她决定告诉闺蜜的丈夫。她毫不犹豫地制定了方案，并迅速采取了行动。由于在这段婚外情中闺蜜是主动的一方，而且迈克尔已经向自己诚恳道歉，加上外遇开始不久，夏洛特决定给迈克尔一次机会，并且开始做婚姻咨询。

然而，在他们第四次来治疗时她心情低迷。她很想知道迈克尔为什么出轨。但迈克尔是怎么回应的呢？"他刚开始还算耐心，但很快就生气了，"夏洛特说。"可是你老是问一些我答不上来的问题。很抱歉！我无法告诉你为什么。你还想问什么？"迈克尔断然回击，他觉得他和夏洛特都把对方的努力视为理所当然。夏洛特不敢相信他竟然理直气壮到不顾危及婚姻和孩子们的幸福。夫妻俩脸色阴郁，陷入了沉默。

如果你也碰到和夏洛特一样的难题，你寻求的可能不仅仅是心理安慰。在动荡的婚姻关系中需要摆平的问题其实就那么一两个，但这些问题被我们的过度分析无限放大了。所以我建议，把你的想法写下来，无论事情多么微不足道或听起来很愚蠢。就像你在记录口述，什么也不要问，只管写下来，直到脑子里什么都不剩。当闺蜜把孩子送到夏洛特任教的学校时，夏洛特写下了这样的内容：

真恶心！

我不敢相信她吻了他。

我不敢相信她竟然背着我勾引我的男人。

我永远不会忘记。

她费尽心思引诱他。

她竟敢站在我面前

我不相信她竟觉得生活还能像以前一样。

我应该和她谈谈吗？

正如我所料，在过度分析的背后，都有一个严肃的问题需要答案：我应该和她谈谈吗？对此，夏洛特回答："是的，但是我不想在孩子们面前大吵大闹。"和她谈的目的是什么呢？后来，当闺蜜带着幼子参观夏洛特担任助教的教室时，夏洛特这样写道：

震惊！

真不敢相信她一点都不在乎。

她完全可以给孩子办转学，这并不难。

我总是逃不掉她带给我的打击。

恐慌！

控制一下自己吧。

我应该跟校长说这件事吗？

对于要不要跟校长说这件事，她的回答是"我不知道怎么办"。

夏洛特从这个练习中学到了非常重要的经验：

- 当所有的想法不再盘旋于脑海中，而是跃然纸上时，她惊讶地发现实际上问题并不多。

- 想法已变成可视的文字，她可以对此做检查和修正。例如，她将"我永远不会忘记。"这一句改成了"目前我觉得，我永远不会忘记。"虽然两者区别不大，但后面的句子表达了更大的可能性，让问题更易于解决。

- 她还搬出事实来反驳自己的想法。"我总是逃不掉她带给我的打击。"显然事实并不会一直如此。闺蜜的孩子总有一天会长大，会离开这所学校。夸大的字眼还有"决不""永远""必须"和"应该"等。（质疑"必须"和"应该"，谁规定你必须怎样或应该怎么做？会不会是你自己做的决定而不是别人强迫你？改变这些表示程度的用词看起来微不足道，其实很有用。）

- 夏洛特意识到她身边的小学生们就是很好的"停止"警示牌。作为一名老师，她不得不在孩子们面前克制自己的情绪，避免做出一些有失身份的举动。其实，她在家里也可以使用这种警示。

- 最后，她明白了大可不必急着找到答案，可以回家后和迈克尔一起讨论。（他们决定缓一缓再告知校长这件事，一切视夏洛特是否在一段时间后仍难以忍受闺蜜及其孩子再说。）在接下来的咨询中，夏洛特反馈说："经过讨论，我觉得我和迈克尔又变成了齐心的队友。"

过度警惕

第三种震后反应是"过度警惕"，通常与"念念不忘"如影随形。被出轨方常常表现为警觉性过高，宛如惊弓之鸟，出现睡眠障碍。当电话铃声响起时，发现者会吓一跳，担心又是坏消息。过度警惕的人经常翻看伴侣的口袋，查阅对方的电子邮件，甚至把自己当成全职侦探，不放过任何出轨的蛛丝马迹。他们可能挖空心思接近第三者，甚至假装对第三者表示友好（只为了发现更多出轨的证据），或者贿赂伴侣的工作单位的门卫（为了查看监控录像），又或者突然出现在另一半和第三者共同参与的会议上（也有可能去单位停车场监视他们的行动）。当然，上面提到的都是极端的例子，但很多人确实把时间都浪费在跟踪伴侣和反复检查通信往来上。

为什么会这样？一朝被蛇咬十年怕井绳。那些过度警惕的人被伤害得太深不得不防范再次出轨。他们认为关系彻底复原之前，保持伴侣对自己忠诚的唯一方法是全天候待在一起，或者掌握对方的一举一动。每一个偏离常态的行为（不管是不是一件芝麻大的事）、每一次与第三者的接触（无论多么无关紧要）、每一条被挖掘出来的关于外遇的新情报（无论多么不切实际）都会被夸大，并成为证明出轨方不值得信赖的有力证据。

当托尼向柯斯蒂坦白他的外遇时，没有想到六个月后他还是被她怀疑在说谎。他说："我已经同意不再联系那个女人，而且我真的做到了。"有一次，他去学校接孩子的时候碰到了她。"我们什么也没说，也没有打招呼。后来，我也没有再去想这件事。好吧，怪我没有向柯斯蒂汇报。老实说，我觉得这事没有什么可说的。"倒霉的是，柯斯蒂的一个朋友看到他和情人碰面的事并告诉了柯斯蒂。她愤怒地抱怨道："如果你总是撒谎，我怎么能相信你呢？"托尼交叉着双臂讽刺道："跟她见面没什么大不了。没跟你讲是我的疏忽，但真的什么也没有发生！你要我怎么做？难道要列出不和你在一起时遇见的每一个女人吗？"柯斯蒂坚持道："别人跟我无关，我只关心你和那个女人的事。"

他们在这个问题上兜了好几天的圈子，但至少还在争论，还在沟通。通常情况下，问题会被隐藏起来，因为一方越是高度警惕，另一方就越想遮遮掩掩，不是为了掩盖出轨的事实，而是因为没有人有精力为自己的每一分钟做辩解。那么，如何才能打破这个怪圈呢？

我让柯斯蒂和托尼换位思考，试着说出对方行为的合理之处。托尼觉得，柯斯蒂认为偶然的接触也会导致他再次出轨。"不，你不会那么蠢吧？如果你因为'疏忽'而不告诉我她送你小礼物、带你去喝咖啡、吃生日蛋糕之类的事，那么我就应该在你再次卷入外遇之前插手。"托尼终于明白，比起肉体出轨，让柯斯蒂更难过的是谎言（不够诚实）。对于托尼为什么不说，柯斯蒂认为，他担心如果说出和前情人偶遇的事会好几天不得安宁。最后，柯斯蒂明白，自己对有关那个女人的任何消息都会反应强烈，这导致托尼很难做到完全诚实。

通过深入探究对说实话的潜在恐惧，停止反驳对方，他们找到了相互妥协的办法：托尼同意充分披露，柯斯蒂答应控制好自己的情绪。他们的关系很快得到了改善，婚姻咨询结束时，他们不仅能够更好地沟通，而且更深爱彼此了。

如果你目前正处于过度警惕的状态，你可以问自己以下几个问题：

1 我发现的信息有多可靠？

人们很容易误解电子邮件或短信的内容，因为无法知道写信的人当时的心态是开玩笑的还是认真的。所以，你会不会是在无端增加你的恐惧呢？

2 我真的需要掌握婚外情的所有情况吗？

如果你发现一些会严重阻碍感情修复的东西，怎么办？28岁的贝瑟妮说："大约在发现他出轨后的第四个月，我偶然找到了一张 CD，里面有那个女人非常露骨的裸照。他可能不记得了。自从那时起，那些照片困扰了我好几个月，尤其是做爱时，会不断浮现在我的脑海里。即使是现在，我仍然时不时地想到那些裸照。我无法忍受我丈夫想试的某些性爱姿势，因为我很清楚那个女人喜欢和他那样做。"

3　怎样才能迷途知返？

侦查工作会让人上瘾。你发现的线索越多，怀疑就越强烈，越想查下去。所以，试着通过分散你的注意力来打破死循环：看喜欢的电视节目或者打电话给朋友。如果你无法做到，那就集中精力去了解伴侣的"作案手法"（他是如何找到与情人幽会的时间的，如何秘密行动的），这样做比不断揭露新证据好得多。了解婚外情的发展规律后，你就能更好地阻止外遇再次发生。

4　有哪些自我安慰的方法？

担忧无济于事，找到其他方法来解开你心里的结。我有一些客户开始学习游泳（充实身体），还有一些客户开始背诵诗歌（充实头脑）。你能做些什么呢？

–"审讯官" vs "被告"–

夫妻们防范婚外情"余震"的最常见做法是：出轨方隐瞒自己的真实想法，而被出轨方变得偏执多疑。在这种情况下，双方都会不知不觉陷入错误的思维定式，就像两人走向了不同的岔路，关系会越走越远。

出轨方	被出轨方
"如果你放不下过去，怎么走向未来？"	"如果你总是欺瞒，我们怎么继续？"
"我已经道歉过千万次，还想怎么样？"	"你永远也体会不到我伤得有多深。"
"不用担心！船到桥头自然直。"	"我想知道对岸安不安全？"
"不纠缠于过去，行吗？"	"你在抱怨我吗？错的是我吗？"
"我真的忘记了。"	"你想把我拒之门外。"
"我爱你，还不够吗？"	"没那么简单！"

当上面的对话不断上演时，夫妻之间会越来越像审讯官和被告，一个要真相，另一个却要隐瞒。下面举两个案例，这些案例来自我的"英国人出轨情况"调查。

36 岁的吉米说："很显然，我的外遇变成了她对付我的好借口。我像一个躲在城堡里的可怜虫，她像攻城的敌人，只不过她的弹药是我供应的。告诉她一次远远不够的，我必须一遍遍地复述出轨细节。有时候，她会进入一种脑子短路般的迟钝状态。然后，她就会追问，问来答去，结果搞得我很沮丧，她很生气。实际上我只想忘记这一切。"

如果出轨方作为受审的一方心情很不爽，对被出轨方来说，无能为力的感觉同样很痛苦。42 岁的贾尼丝谈起丈夫与一位同事长达四个月的婚外情时说："我以为用不了几天就能知道他们之间所有的事情。然而，六个月后的一天，我突然接到了他的电话。其实他不是主动打给我的，而是他把手机放在裤子口袋里，不小心按到了拨号键。在他毫不知情的情况下，我偷听到他正在参加商务午宴，她也在一起。我想这是神灵在暗中提醒我。就在这件事发生的两天前我给他写了一封信，要求他不要和她有任何交往，但现在他们却在一起招待客户！当他跟我说开完会就回家时，我快要疯了。"这事很难办，因为丈夫是第三者的直接领导。"尽管他告诉我，他们之间的关系在被我发现后就结束了，但一想到他每天都和她见面、说话，我就嫉妒得要命。她本来应该换工作，但一直在找借口不辞职。几个月后，我下了最后通牒：如果她在圣诞节之前还不走，我就告诉她丈夫，而且把我丈夫也赶出去。"在婚外情被发现后的第 20 个月，第三者终于离开了，但是即使到现在，贾尼丝心里仍有疑惑。"我还是会怀疑，也会焦虑，但我没再说起，因为外遇已经是过去的事了。没有他，生活会更糟。我们现在相处得很好，也不争吵了。"

那么，如何解决"审讯官"和"被告"之间的矛盾呢？想一想跷跷板游戏，一个人往下压自己所在的那一端时，对面的人就会被抬高。审讯官越是逼问，被告就越掩盖罪情，"被告"越隐瞒，"审讯官"就越急于了解真相。幸运的是，还有一种备选方案可以解决这种矛盾。

- "休庭"期间，与伴侣好好谈一谈，一起寻找能够让关系稳固的平衡点。
- 感谢另一半，承认你们取得的进步离不开他的付出。
- 试着把握好发泄怒气的分寸。一些旧罪（例如，婚外情热火朝天时你的伴侣倾诉衷肠的电子邮件）和新罪（例如，隐瞒与第三者的新联系）是有区别的。
- 把你的焦点放在当前的关系上，而不是在过去的婚外情上。例如，不要问"你怎么能给她写这样的信？"而要说"我希望你也能对我这样表白"或"我做什么会让你愿意向我倾诉呢？"
- 经常告诉另一半，你正在为改善关系而努力。
- 请看练习部分的"质询时间"。

陷入僵局

有些夫妻会困在"努力恢复正常"阶段。他们的爱意被一次又一次的伤害和误解掩盖，表现得相敬如宾，能够好好沟通，但性生活寥寥无几（或根本没有）。通常情况下，一方极力拉近距离，但另一方却因为害怕再次受伤而退缩不前。如果不及时采取措施，夫妻感情会逐渐淡漠。

48岁的威廉有四个孩子需要抚养，他一直疲于工作，无暇顾及妻子帕特西的不满。久而久之，帕特西出轨了。发现妻子不忠后，威廉拿走了她的手机，帕特西也决定放弃婚外情，但他们还是没有全心全意捍卫婚姻。

他们的第一次咨询仅有威廉参加。他很务实地说："拆散家庭是没有意义的。孩子们过得很快乐，我也为了我的家人卖力工作。我们有美满的家，还会出国度假。我们之间也没有到水火不容的程度。"听起来他们的生活挺小资，但我能理解他妻子为什么会感到厌倦。我对他说："我想在现代社会很少有人会单单为了所谓的贤惠名声或物质满足，守着一段乏味的婚姻。只有这些还不够。"

务实的威廉一下子垂头丧气，向我第一次展示了真实的自己。慢慢地，他承认自己不善于表达感情。"你妻子知道你爱她吗？"我问。"我们从 20 岁起就在一起了，所以她应该知道，"他回答。"但是，你跟她说过吗？有多久没说了？"他摇了摇头。

希腊哲学家亚里士多德的"修辞学三要素"（Tripartite Ideal）为其修辞学奠定了基础。修辞学是一项说服的艺术，直到今天仍然被誉为是打破人际交往僵局的秘诀之一。亚里士多德提出优秀的修辞要善用"情感诉求"（pathos）、"理性诉求"（logos）和"人品诉求"（ethos）——你是谁以及你的行为方式。威廉一直只使用理性诉求：生活的理由是理性的、务实的。于是，我帮他澄清了问题的症结，让他学习怎么沟通。后来，帕特西也加入了咨询。虽然他们的关系有所改善，但她仍然对他们的未来缺乏信心。夫妻两在照顾孩子方面的争论体现了他们对人品诉求的看法。帕特西抱怨道："他甚至不愿意带生病的儿子去看医生。"

威廉反驳："我想带他去看病，这是一个跟他相处的好机会。"

帕特西回答："你的回答真有趣。"

威廉说道："你可以叫我去做，但我不喜欢别人命令我。"

显而易见，威廉并没有用实际行动来支撑他的情感诉求。换句话说，帕特西怀疑他的人品。"你说的都是空话。"她总结道。当威廉意识到自己的过错，开始关注人品诉求时，这对夫妇取得了很大的进步，并顺利进入了打造幸福婚姻的下一阶段。

- 重启性生活 -

如果你们还没有恢复性关系，"努力恢复正常"是相当好的时机。下一个阶段将充满挑战，因此提前开启令人满意的性生活将带来很大的心理慰藉，有利于联结情感纽带。那么，是什么阻碍了伴侣们再次做爱呢？有些是现实问题，比如分房睡；有些是情绪问题，比如被出轨方仍然心有顾虑，还不能接受另一半肉体出轨的残酷事实。重启性生活之前，大多数夫妻需要再次学习如何亲密相处。

多米尼克 35 岁，他妻子丹妮尔 32 岁。妻子生下孩子后不久，他就在网上找了个情人。孩子出生后他们就恢复了性生活，但网恋使丹妮尔失去了性欲。六个月后，他们暂时平息了这场风波，来到我的办公室。尽管在咨询期间讨论了性爱的重要性，但他们还是什么都没做。

多米尼克说："我觉得应该由丹妮尔采取主动。她知道我仍然迷恋她。我不能像以前那样给她压力，我会等她。"

丹妮尔承认自己还是有欲望。她说："我以前很享受我俩的性生活，他确实很能满足我。"现在，她却缺乏自信。"我不想激起他的性致后又拒绝他。我怕我会临场怯阵。"其实这是"全有或全无综合征"（all or nothing syndrome）的症状。有这种问题的婚姻并不少见，这些夫妻避免任何形式的身体接触，比如拥抱、亲吻或洗澡时搓背，以免被对方误认为是求爱信号。然而，如果没有轻松自然的身体接触，生理需求就不可能被激起并转化为性爱。我建议他们在接下来的一周内只是互相亲近，但避免做爱。听起来很奇怪，但是在双方明确不打算做爱的时候，拥抱彼此会愉悦心情，轻松自在地相处。当多米尼克和丹妮尔面带微笑走进来时，我知道这一次他们成功了。他们一起打闹嬉戏，但是没有再进一步（这是一个积极的信号，因为良好的性生活需要的正是找乐趣的心态）。

隔周的治疗手段是，从穿着衣裳拥抱变成光着身子互相按摩（但不接触性器官）。第三周，我们取消了禁令，多米尼克和丹妮尔发生了性行为。"我真的很高兴她又需要我了。我曾经以为在她的眼里我只是孩子他爹的角色。"多米尼克说。丹妮尔对自己的改变也深感欣慰。"我说过自己已经原谅了他，但身体上却没做到。现在，我的身心都向他敞开了，无论是情感上还是理智上我都接纳了他。"

给出轨方的寄语
努力恢复正常

- 在"努力恢复正常"阶段，人们很容易感到失望落寞。尽管你尽了最大的努力，但婚外情的阴影似乎一直萦绕心头，挥之不去。

- 你肯定想低调行事，不敢越雷池半步。然而，你谨言慎行、战战兢兢的样子只会刺激伴侣不断想起曾经的委曲，甚至会表现出焦虑症或强迫症的症状。

- 继续承担责任，多包容另一半的不良情绪反应。当他心平气和的时候，冷静地解释什么样的行为让你很反感或恼火。你们也可以做"交易"，对方为你做了一件事，你也要回报对方，这样相互让步就不会显得太牵强。

- 如果你觉得百口莫辩，始终无法从另一半那里得到公正的反馈，那可能是因为你没有用好前面提到的修辞学三要素（理性诉求、情感诉求和人品诉求）。所以，回头检查一下之前的尝试：你是不是太理性了？你有没有掩盖情绪，或者采用情绪勒索手段？你真正做到言行一致了吗？如果没有，怎么样才能改变？

- 即使"努力恢复正常"阶段过得并不顺利，也不要心灰意冷。你的伴侣，也许还有你自己，未能彻底摆脱婚外情"余震"的影响，现在还是不能较准确地预测未来。

新技能：透过表象看本质

即使知道人生很复杂，很多人还是希望自己能生活在平凡的幸福中。所以当面对难题时，我们倾向于认可最显而易见的解释；紧张害怕的时候，更有可能只关注问题的表象。然而，在"努力恢复正常"阶段，你应该以放松的心态深入观察并了解驱动我们行为的众多因素。

让我们看一些简单的例子，比如购买大件商品（汽车或大型电器）。列出所有影响你做决定的因素：价格、性能、能效、外观、朋友的建议、专家的意见、厂商的信誉等。其中哪一项对你最重要？这些因素是如何相互加强或抵消的？你的伴侣会用同样的标准吗？他的标准有什么不同？虽然买一台冰箱不算什么大事，但还是能表明真正左右我们行为的因素既不单一也不那么浅显。

现在来看看你和另一半之间的新问题。你认为是什么因素推动了他的行为？尽量多想一想。接下来，将这些因素按重要性排序。最后，尝试添加其他可能的原因。这张清单是否给了你新的视角？你最初是否选择了最简单或最显而易见的选项？可惜，我们对伴侣动机的理解可能早就从经不起推敲的怀疑转变为顽固的偏见。不管怎样，对另一半友善一点，洗刷他"嫌疑犯"的罪名吧。

概　要

· 经历前三个阶段的戏剧性场面以及第四阶段的缓和过程后，在第五阶段，夫妻双方可以开始放松紧绷的神经，释放焦虑了。

· 许多人都会经历婚外情的"余震"。婚姻看起来已回归正轨，但还是暗流涌动，还未彻底复原。

· 对婚外情"余震"的常见反应有三种：压抑（刻意回避和麻木迟钝）、念念不忘（纠结于出轨细节，难以自拔）和过度警惕（一直担心再伤害）。这些是人的大脑应对急性压力的正常反应，但很有可能使刚刚愈合的心灵创伤再度感染。

- 婚外情的种种"后遗症"对夫妻间的有效沟通提出了苛刻的要求。治疗办法就是看问题要更透彻，撇开最明显的分歧因素，探索背后隐藏的担忧和争议。这些技能对下一阶段的旅程也至关重要。

– 练习 –

观察自己平时的表现

在生活的不同领域，我们扮演着不同的角色。通读下面的列表，圈出所有适合你的角色。然后再看一遍，在那些你喜欢的角色旁边打钩，在你讨厌的角色旁边打叉。第三轮，在所有你将来可能扮演的角色或采取的行为下面画线。

组织者	思想者	养家糊口者	打杂工
殉道者	圣人	通情达理的人	负责任的人
备胎	被抛弃的人	孤独的流浪者	爱出风头的人
随叫随到的人	叛逆者	扫兴的家伙	获胜者
失败者	苛刻的上司	苦工	感情骗子
狐狸精	垃圾桶	隐形者	牺牲品
拯救者	迫害者	反复无常的人	小丑
娱乐他人的人	非常理智的人	利用他人的人	替罪羊
爱挑剔的人	傻瓜	忏悔者	审判员
出租车司机	出纳员	胆小的人	凶恶的人
流氓	柔弱的人	漫游者	观察者
迷失的灵魂	偷窥狂	受伤者	吃货
怪物	巨婴	与众不同的人	辅导员
和事佬	传教士	规则制定者	百事通
爱粘人的人	有罪的人	完美的人	碍手碍脚的人
中间人	话痨	杞人忧天者	守时的人
会计	技工	受气包	小白脸
小女孩	默默承受者	工作狂	笨蛋
专横的人	囚犯	狱卒	清洁工

如果你是和另一半一起阅读本书的话，我建议把上面的列表复印下来，一起做这项练习。可以讨论你俩对角色分工的看法。你们是什么样的人？想要改变什么？

最后，问问自己：我怎样才能变成自己喜欢的样子？

达成共识

不忠行为极大地加剧了婚姻关系的风险，以至于人们很容易在诚恳交流（表达真实感受）的过程中情绪高涨到难以自制的地步。当一方过于激动时，另一方就会退缩不前，使沟通无法有效进行。这种时候，试一试下面的方法。

停止感情用事，学会娓娓道来。

情绪化是一种不太健康的情感流露方式。如果一个人总是压抑真实想法，扭曲的情感终有一天会不受控制地喷发出来。不要闹情绪，也不要试图忽略自己的感受（因为情绪有可能随时被引爆），要经常向伴侣倾诉你的感受。例如："我从你的信用卡账单中发现了你和她的秘密晚餐。我很震惊你舍得花这么多钱。你这么在乎她，宠着她，这让我很生气。同时，我也很失望，你从来没有以同样的方式款待过我。"

情绪化的人也许会挥舞着账单，指着伴侣的鼻子破口大骂：

"你怎么能这样挥霍？这是我们辛苦赚来的钱。你这个浑蛋！你想过我吗？"控制不住脾气可能让温馨之夜变成地狱之夜。学会冷静地说出自己的不满，释放体内的紧张情绪，你才能更清晰地思考。这样一来，对方也会认真对待，向你道歉，甚至有可能在高档餐厅为你摆一桌"赔罪宴"。

轮流讲、听、做总结。

在这部分练习中，一个人最多有三分钟的时间陈述自己的观点。一方在讲话的时候，另一方一定要认真听，不得打断或打腹稿。当第一个人说完（或到时间）后，第二个人概括对方的主要观点。不要扩展解释，也不要进行评论或分析，只需要简单说出来。然后，第一个人补充倾诉者忽略掉的重要内容并结束讲话。接下来，双方交换角色，第二个人讲述，第一个人倾听，然后进行总结。当双方都充分理解了对方的想法和立场后，谈谈新发现以及如何有效沟通。

应对无端的恐慌

在回忆出轨带来的创伤时，可以这样缓解不良情绪或感受：

1   首先承认自己很恐慌。

- 自我安慰。

- "我能应付这种情况""我以前也经历过"等。

2   关注环境而不是你自身。

- 观察周围的具体事物。

- 详细描述你的周遭。

- 如何让自己觉得安全？

- 扶住一些东西。

- 坐下来。

3   停止瞎想。

- 深呼吸可以放松肌肉、降低心率。

- 舒展筋骨。

- 想象一个让你感到安全和轻松的场景。唤起你所有感官，让这个场景尽可能真实。

- 想象一个你信任的人在你身边。他们会给出什么建议？

4   提醒自己，恐慌已经结束了。

- 这种感觉只持续几分钟。

- 不会太久。

- 这一切对你来说并不陌生。

创伤后应激障碍

在"努力恢复正常"阶段，如果你仍然有焦虑和抑郁的倾向，可能是由别的心理问题引起。

以下是典型表现：

1　敏感、易怒，容易变得歇斯底里。
2　注意力不集中。
3　过度警惕，不但要掌握另一半的一举一动，还要查看他所有的电子邮件和短信内容。
4　难以入睡或睡不安稳。
5　一点点风吹草动都会让你吓一跳。
6　看电视剧和电影里的出轨情节，就会想起伴侣的背叛，不由自主地犯恶心或发抖。

如果在发现出轨事件后的第二个月，你仍然有两个或两个以上的上述症状，我的建议是去看心理医生。

质询时间

　　如果无法走出"审讯官"与"被告"两极分化的角色，表明你俩的关系又陷入了危机。下面的练习将帮助你重新开启平等合作的大门。

1. "审讯官"需要明白的是"严刑逼供"很难听到真话，而"被告"也需要认识到隐瞒、搪塞或狡辩只会加重罪情，坦白才能从宽。

2. 制定一个和解协议，每周安排一次简短的"质询时间"环节，例如星期三晚上一到两个小时。

3. 质询时间到来之前，"审讯官"不能询问任何关于外遇的事，也不能说出调查结果。

4. "被告"同意耐心、诚实并充分地回答在质询时间内提出的所有问题，但在其他时间不予理会。

5. 经过几个星期的调节后，你们会发现不再需要设定质询时间就能好好交流。利用本来可能用于讨论外遇的时间，庆祝一下共同的进步吧。

检 查 站

顺利通过第五阶段"努力恢复正常"的三个关键点：

1   从婚外情的伤痛中彻底康复没那么快，至少需要
    几个月时间，而不是几个星期。

2   觉察你的哪些言行阻止了另一半向你推心置腹。

3   写下你的内心对白，查看是否有扭曲事实、小题
    大做和不合逻辑的现象。

第六章

绝望：深藏的隐患浮现了

*Despair - Bodies float
to the surface*

发现出轨

愈合伤口

在本书的开头，我说过婚外情既会带来危险，也会带来机遇。当走到第六阶段，夫妻间的情爱在慢慢复苏，危险和机遇得到了微妙的平衡。有危险是毋庸置疑的，因此夫妻们很容易变得忧心忡忡，好像外遇给他们带来了不可磨灭的阴影，以至于再也无法走进光明。那么，机遇在哪里？人们很难想象婚外情会有积极的作用，所以让我来解释一下。

家家有本难念的经，说得没错，每一桩婚姻都有各自的矛盾、分歧、心有不甘的妥协。在大多数情况下，夫妻们通过求同存异、视若无睹等方式把严重性往小了说或把问题隐藏起来，蒙混过关。问题日积月累，成为婚姻关系的安全隐患，对此双方心知肚明，却当不存在，从不过问。我为那些为出轨问题烦恼的夫妇提供咨询时，经常小心翼翼地绕过那些根深蒂固的安全隐患，先去解决眼前的紧迫问题。换句话说，我研究的是婚姻治疗师们常说的"来访问题"，帮助夫妻双方更好地沟通和相互理解，然后目送这对重燃希望和情爱的眷侣携手走向人生的夕阳。

然而，出轨问题与其他婚姻问题不同，被背叛的痛苦非常强烈，被出轨方会经历一段行尸走肉般的生活。想象一下，我们把婚姻中的安全隐患当作一个实体，一股脑儿扔进了池塘里。短时间内一切显得宁静祥和，但慢慢地、不可避免地，这些隐患像泡肿的尸体一样浮出水面。这景象真不美好。当你面对伴侣不忠带来的心理创伤时，也是如此。这就是我把第六阶段称为"绝望"的原因。不过，请你鼓起勇气！这个阶段不仅是挽救关系过程中必不可少的部分，还是愈合创伤的良机，能从根本上治愈婚姻关系，让幸福稳稳的。

接下来，我来讲一些婚姻问题的案例，并指导你建立对自己婚姻的信心。先让我们回顾一下第二章中提到的关于婚外情起因的等式：

已经存在的问题 + 沟通不畅 + 诱惑 = 不忠

以前，你可能把婚姻问题的原因归结于生活中的某件事（例如"工作太忙"或"视对方的付出为理所当然"）。但在这个阶段，你可以把目光从具体事情转移到深层因素上。婚姻关系中的安全隐患通常分为三类：已知的、被发现的和隐藏的。

– 应对"已知"的隐患 –

一些人的婚姻从一开始就存在矛盾。然而，对于在爱欲中迷失自我的情侣们来说，那都不是事儿，外界压力更显得他们情比金坚。但是，一旦激情敌不过现实生活的磨砺，一切就复杂了。一种较为普遍的、长期存在的"已知"隐患，是在重组家族如何做继父或继母。前面提到的特蕾西和保罗这对再婚夫妇，他们在前一段婚姻中各自都有孩子。特蕾西的儿子已经成年，特蕾西和保罗结婚后不久，她儿子就离开了。保罗的儿子11岁，平时和他妈妈住在一起，周末和保罗在一起。保罗解释道："这个家从未热忱接待过我儿子，我很不安。我想让他玩得开心，假装用快活的语调跟他说话，但我讨厌这样，不该是这样的气氛。不要误会我的意思！不是特蕾西不喜欢我儿子，只是我担心她觉得我儿子碍手碍脚。我能理解，她已经完成了自己的育儿任务，肯定不想再来一遍。"多年来，保罗曾经想和特蕾西讨论关于他儿子的问题，但除了情绪越来越不安，其他都照旧。保罗继续说："特蕾西会说'我就是这样的人，过就过，不过拉倒'。我表面上装作开开心心，但内心深处却很愤慨。我想就是这种怨恨推着我出轨。"虽然我从第一次的评估面谈中已了解到他们有继子，但直到咨询的最后阶段，保罗和特蕾西才准备好面对这个问题。因此，在他们准备好解决问题之前，我带这对夫妇经历了"震惊与怀疑""步步紧逼的质问""决策时间""希望"和"努力恢复正常"五个阶段。

还有一些婚姻一开始时还算不错，但后期出现了新问题。例如，一方不得不去外地工作或者生二胎等。罗伯特解释说："我的婚姻让我感到非常孤独。她从早到晚都围着孩子们转。我心情不好时，她会说一些空话来安慰我，转眼又去给孩子们洗澡，陪他们入睡，总之她有忙不完的事情。罗茜不像我那坏脾气的老板那样总是叫嚣'不要给我添麻烦，我要的是解决方案！'但我必须永远无条件地支持她。那谁来考虑我的感受？"

在这种以孩子为中心的家庭里，夫妻成为爸爸妈妈，而不是丈夫和妻子，所有的能量都投入家庭关系，而不是夫妻关系中。回顾过去几年的生活，罗茜顿悟罗伯特为什么会被一个同事吸引。罗茜说："只考虑自己的需要，为自己而活一定很好，我也喜欢那样。我也不想天天管孩子们吃喝拉撒。"虽然都意识到爱的感觉在慢慢消失，但他们没做任何出改变。罗茜继续说："我以为孩子们长大了会好起来的。"罗伯特附和："我也是这样想的。"外遇将隐患变成了燃眉之急，逼着他们产生了必须做点什么的意识。

有时，"已知"的隐患具有颠覆性的力量，与其说是隐患，不如说是拦路虎。当53岁的乔治和一位年轻的女同事出轨时，妻子瓦妮莎要面对的不仅仅是爱人的背叛，还有那个女人怀上乔治的孩子的消息。瓦妮莎说："在孩子出生前，我说我会尽力接纳这个孩子，当时我真是这么想的。但是现在，我丈夫真的有了这么一个小女儿，你想象不到这多让人痛心。我发现不仅无法说服自己让她进入我的生活，甚至不知道怎么和我丈夫一起过。只要他愿意的话，我想我没有权利阻止他抚养自己的孩子。"那时候，乔治只见过他女儿一次。瓦妮莎继续说道："他认为他应该在她的生活中扮演除了经济来源以外的角色。我问他想怎么做，他也说不出具体的打算。不管怎么说，他的计划对我肯定没有好处。"

虽然瓦妮莎的问题很棘手，但还是要一个环节不落地走完每一个阶段。想要让关系复苏，瓦妮莎和乔治就得改善日常沟通方式，并检查原有的情感纽带是否牢固到足以让他们重新联结。因此，当他们想讨论瓦妮莎的孩子们（都已二十多岁，已经独立生活）听到父亲有私生女的消息后的反应，以及关于小女孩未来生活的话题时，我阻止了他们，让他们先把注意力集中在夫妻关系上。当他们到达第六阶段时，我很容易觉察到咨询室里弥漫着的绝望气氛：隐患已经浮出水面。

有一种戏剧性的情况偶尔会出现：经过几个小时的正式对话，夫妻双方或其中一方突然道出了与此次出轨不直接相关的、令人震惊的难言之隐。特鲁迪和杰克都30多岁，结婚近20年，育有两个孩子。杰克以为自己对特鲁迪了如指掌，直到他出轨后，特鲁迪在悲伤和激动中说出自己小时候被一个叔叔性虐待的往事。"我不记得那时候我多大了，大概八九岁吧。我妈妈上夜班的时候，就把我和妹妹送到一个阿姨家过夜。半夜，那个叔叔就会进来'检查我的身体'。在我 13 岁的时候他收手了，因为我跟他说'不许摸我，不然我要说出去'。"杰克听到这件事后愤愤不平。他说："现在我明白了。我们做爱时你总是有所顾忌，从不积极投入。我终于找到原因了。"

继续前进

许多夫妇在"绝望"阶段真的感到很绝望，因为大多数人已经试遍了一切办法来解决长期困扰双方的争端，但没有任何成效。令人遗憾的是，有些人决定放弃，给婚姻下达了"死亡通知书"。真的很可惜，因为任何一个用心参与了前几个阶段的人，都学到了一些重要的新技能，比如：开拓思维（问题并不是非黑即白、非对即错，人也不是非好即坏、非善即恶）、理解（一个巴掌拍不响，你更应该承认自己的那份责任，而不是一味指责伴侣）、从消极中汲取积极的能量（没有到世界末日，你太悲观了。即使当继父/继母，也少不了乐趣）、透过表象看本质（你已经准备好解决真正的内在原因，而不是被表面现象所干扰，更不会毫无意义地兜圈子）以及坚定信心，做富有成效的决策（你已经开始从各个角度寻找解决方案）。外遇的暴露有助于解决长期存在的"已知"隐患的另一个原因是，双方都迫切地想治愈关系，从而变得对彼此更加宽宏大量，应对困难更加灵活、坚韧。

因此，如果你们的关系中存在"已知"风险，发现外遇后你可能会得到一个惊喜。一般情况下，隐患被暴露出来后就会失去危害能力。虽然我的客户已经提前好几周就开始担心"绝望"阶段的到来，但就像电影里的反高潮情节，总有让人意想不到的事情发生。他们要么只花半个疗程就治愈了关系，要么自己找到了解决办法。

这就是保罗和特蕾西的继父/继母困境。特蕾西说："保罗的外遇让我仔细审视了自己。我不得不承认我有点像泼妇。"她开始有意识地关心保罗的儿子，这不仅让她和继子的关系好转，也让保罗重新看待了出轨行为。保罗说："我知道每次我儿子来的时候，我表现得太努力了。我以前每时每刻都想逗他开心，而不像别的家长一样安静地坐着，让孩子自己去玩。"这件事还产生了另一个令人惊讶的效果。特蕾西说："我觉得我和我儿子的关系更亲密了。我觉得我比以前更热情，更能容忍别人的不足，毕竟我发现自己也有很多缺点。"

有些棘手的议题很难找到折中方案，怎么办？秘诀就是静静地坐着面对问题，让时间冲淡一切。仅此而已。不要劝说另一半或试图让他感到内疚，也不用急着解决问题。双方只需将注意力投注到现实生活中，不分心，不离弃，也不用刻意在乎对方的感受。当瓦妮莎和乔治安静地坐在一起讨论小女婴的问题时，他们聊了些什么？乔治说："看着我的女儿慢慢长大，彰显自己的个性，这感觉非同寻常。她会拉着能够到的所有东西，顽强地爬起来。这太不可思议了，我怎么能抛弃她不管呢？"瓦妮莎不得不承认她丈夫对这个孩子无法割舍的亲情。"我猜到会发生这样的事，不过，他以前从来没有提起过他的真实感受。"她说。圣诞节期间，他们的咨询暂时中断。之后，瓦妮莎要求跟我进行一对一的咨询。她情绪低落，思绪混乱。但是，我拒绝了，我跟她解释说，她不应该把内心感受隐藏起来，她丈夫需要参与整个咨询过程。在接下来的治疗中，瓦妮莎说出自己的想法，乔治静静地听着。"我并没有因为孩子的事情特别难过，我只是很害怕。我想我在退缩，我可能过不了自己心里的坎。我怕最终会伤害所有人，包括我自己的孩子，他们都很爱我们。"我问她："你以前说过这些吗？""没有，这是第一次。"她回答。

他们没有争论，也没有互相责备，而是心平气和地说着、听着，体会着彼此的感受。他们终于准备好面对现实问题了。（在最后一章中，有更多关于这对夫妇的后续咨询内容。）

对杰克来说，静静地坐着听特鲁迪讲述她童年时期遭受的性虐待，也是一个突破口。杰克非常生气："我真想去揍他一顿。我要让他感受一下特鲁迪遭受的痛苦。他等于侵犯了我们全家人，应该让他付出代价。"特鲁迪对此很难过："他的反应会让事情变得更糟。我不想伤害我的妈妈，那是个困难时期，她已经尽力了。"当夫妻俩真正认识到对彼此感情有多深时，很容易达成妥协。杰克认识到打人于事无补，特鲁迪也同意不再轻视心理问题，于是决定寻求咨询。

那么，你和你的另一半如何才能真正体会对方的感受呢？一个可行的方法是设身处地为对方着想。把自己想象成一名记者，就眼前的问题采访你的伴侣（带着真诚的好奇心和开放的心态）。不过，多做一个改变：让你的伴侣装作是你，从你的角度回答问题！再看一下罗伯特和罗茜二人以孩子为中心的婚姻。罗伯特当一名中立的职业记者，采访了罗茜关于照顾孩子的问题，但罗茜的回答是从罗伯特的角度出发的。他们从一般性的问题开始（当两人都习惯了这种互动方式时），逐渐发展到更深层的问题上。以下是罗伯特提出的一些问题：

你好，罗伯特，你第一次抱你的儿子时，感觉如何？

有了孩子后，你的生活有什么变化？

你妻子对待你的态度有变化吗？

你在出轨前的六个月，心里怎么想的？

在这段时间里，你对孩子们有什么感情？

值得注意的是，整个采访过程中不要脱离"职业记者"的角色，不要对"受访者"所说的话提出异议。记录下对方的回答中与你的真实想法相悖的任何事情。记住要用记者的语气说话，比如，是"你的"孩子，而不是"我们的"孩子。不要试图引导你的伴侣，而是问一些开放性的问题，多用"如何""为什么""什么""怎么样"等疑问词。最后，澄清另一半的错误想象，讨论换位思考的整体体验以及你俩的发现。消化这些新发现需要一段时间，所以不要马上更换角色，第二天继续练习吧。

－ 应对"被发现"的隐患 －

婚外情给婚姻关系提供了一面镜子，许多夫妻从中看到了之前完全没有意识到的感情裂痕。我称这些裂痕为"被发现"的隐患，这些隐患可能不是大问题，也有可能是潜在的破坏性因素。夫妻们常常会发现他们日益变得孤苦伶仃。为了第二任妻子和他儿子（前一段婚姻所生）之间的关系伤脑筋的保罗，突然意识到自己没有朋友。他说："我一直不善于交际。我不喜欢和同事们交朋友，我只把他们当作同事。我很不喜欢家里来客人，因为我只想和特蕾西待在一起。现在想起来，这种心态不太健康。我向一个女同事说起了心里的负担，便与她有了特殊的关系。我们以前经常交流隐私问题，这是不对的。"

另一些人发现，他们搞错了生活中的优先级次序。38 岁的卡尔发现妻子长达六个月的婚外情后，惊得不知所措。他在一家全国知名的餐厅当厨师，工作压力很大。"为了给家人提供良好的生活条件，我全身心地投入工作，获得了很多好评。我以为我妻子很乐意照顾孩子，孩子是她生活的焦点。"他没有意识到她有多孤独，她宁愿找人倾诉，也不愿买贵重物品。在她出轨后，卡尔决定做出一些改变。"没有必要在工作上花那么多时间。我早点回家，带儿子去踢足球，发现了所有被我忽视的东西。庆幸的是，我和妻子都还没忘记我们很喜欢彼此的陪伴。"卡尔说。

　　面对婚外情，有人故步自封，有人灰心丧气，有人则想获得重生。许多夫妇"发现"的隐患可能是中年危机，这并不奇怪。他们想用求爱的刺激、背叛的快感、婚外性行为的激情掩盖生活危机：我是谁？生命的意义是什么？我该如何过好余生？

　　美国新罕布什尔大学的一项研究发现，45 岁是女性肉体出轨最常见的年龄，而 55 岁是男性肉体出轨最常见的年龄。这一结果与英国 STI（Sexually Transmitted Infections，性传播感染）诊所的研究相一致，该研究发现 45～54 岁的女性和 55～60 岁的男性的性病感染率最高。在我的"英国人出轨情况"调查中，出轨方的年龄大多是 46 岁。在生命的中间点对自己的人生做一次评估是个好主意。人到中年，大多数心怀成就感的人都想来一次新的探险。这些探险可能是为了一份新工作而进修，培养一项难度较高的爱好，或者去异国他乡旅行。可惜，有些人觉得另一半不会支持他们，或者迫于生活压力而无法追求自己的梦想，因此，人们在这个年龄段特别容易出轨。

伴侣的出轨会让被出轨方不经意间回想起过去的不愉快，甚至是童年的遭遇。安娜今年41岁，她的丈夫出轨被发现后就抛弃了她。尽管后来他又回来了，但仍然不断地给第三者发短信，还欺骗安娜（声称第三者已经回到了丈夫身边，而实际上他们已经离婚了）。在接下来的半年里，他虽然没有和第三者有性接触，但一直精神出轨。安娜的婚姻是黑暗的、破碎的、情绪化的。当他们吵得筋疲力尽，无力大喊大叫时，安娜开始阅读有关婚姻问题的书，并反思自己的过去。"压力大的时候，我会大发雷霆、说一些伤人的话，冷静下来后我又再三向他道歉，还会承诺'你让我做什么，我都答应'。突然间，我想起我父亲殴打我母亲时，她也这么说过。"

我们在第二章中说到玛格丽特拿着刀威胁她丈夫，把他赶出了家门。这件事引起了她和父母之间的矛盾。"当我告诉我母亲时，她说的第一句话是'我很诧异你讲这些的时候没有哭，如果是我，肯定受不了'。后来，她看到我没有戴婚戒又说'你什么时候才能停止这种愚蠢的行为呢？'当我告诉我父亲时，他说'这是大多数男人都会做的事，可悲的是，你非要把丑事抖出来'。"玛格丽特知道自己和父母的感情并不深，但是缺乏父母的支持意味着她没有坚实的靠山。

回到保罗的案例上。在回父母家参加生日聚会后，他开始重新审视自己对母亲的态度。他说："我母亲和特蕾西闲聊时说，她差点因为我父亲出轨而离家出走。其实是我父亲叫她离开的，而且不让她带走孩子，当时我们还很小。我一直喜欢陪在父亲身边，因为他幽默风趣，是社交场合的风云人物，而我母亲则显得很孤单。现在，我真正读懂了她的感受。"婚外情让夫妻双方都用全新的目光看待他们的关系、家庭，甚至整个世界。

继续前进

如果你正在处理"被发现"的隐患，值得高兴的是这些问题很容易解决。问题一旦暴露在光天化日之下，怎么处理就一目了然了。保罗决定邀请一些同事到家里做客增进交情。他还加入了当地的一个摄影俱乐部，结识了新朋友。此外，他为自己过去没有多体谅母亲而向她道歉。

只要安娜明白她为什么会重蹈母亲的覆辙，挣脱困局就不那么难了。"我过去总是不断地去争取，现在终于明白了'退一步海阔天空'的道理。"安娜说。玛格丽特觉得很难让父母理解她的行为，他们上了年纪，思想保守，但她的坦诚让大家相处得不错。如果你想取得类似的成就，请遵循以下三个步骤：

1 矛盾不过夜。

例如，"我觉得你那天说的话很伤人，因为……"不要把过去的事情搬出来，即使现在的问题跟以前一样。过去已经无法改变，被你责怪的人很容易因为内疚感和无力感而抵触你。

2 安慰。

这样做既可以解释你为什么要进行这次对话，又可以向对方抛出橄榄枝。例如，"我确信你这么做是有充分理由的"或者"我说这些是因为我爱你，希望我们能亲密无间"。

3 为更好的未来达成协议。

这个协议应该切实可行，且易于监控。例如，"我们经常通电话吧！"或者"如果我做了什么惹你不开心的事，请告诉我，我愿意听"或者"我会尽量不那么敏感，但如果你不提起……就更好了"。能让双方都获益的协议更容易被遵守。

- 应对"潜伏"的隐患 -

有些问题隐藏得太深，以至于夫妻双方都不知道是什么导致了不忠，这既令人困惑又令人感到无助。根据我的经验，很有可能是"潜伏"的隐患在作祟。这些隐患不只是存在于有外遇问题的婚姻，不过幸运的是，很容易解决这样的隐患。

不平等的关系

良好的婚姻关系是由两个地位平等的伴侣组成的。一方有可能在某一特定领域拥有更大的话语权，但另一方在其他领域掌握更大的权力，从而达到平衡。传统婚姻里，男人主外，负责挣钱，应对现实压力；而女人主内，负责家务，照顾家人，联结着一家人的情感。但是，以这种方式两极分化的婚姻，往往会导致很强烈的失落感，尤其是当夫妻到中年时。例如，卡尔（前面提到的厨师）的妻子桑迪不让他插手孩子的事，并且不理睬他提出的家庭共处时光的建议，对此卡尔很气愤。桑迪想当一名健美操教练，她觉得卡尔不支持她的个人发展，而且从不指望他会照顾孩子，因此她也心怀怨怒。

不平等关系是如何助长不忠的？我发现很多出轨方（尤其是女性）都是精疲力竭的付出者。她们觉得自己在感情中投注了太多，但回报少得可怜，桑迪对婚姻的看法就是这样。她说："我知道我很自私，但外遇对我很重要。我曾经在卡尔和孩子们身上花太多的时间和精力，却无人理解我。现在，被人关注的感觉真是美极了。"付出没有或少有回报会让人走向外遇这条路，然而没有下足功夫去爱伴侣的人更容易出轨。这些人早就不投入了，一只脚已经踏出了家门。

权力严重失衡是导致不忠的一个原因。更有权势的一方奢望自己的所有需求都能得到满足，比如，出差期间也要过性生活。这种权利感是名人容易出轨的原因之一。权力偏小（或者自认为权力小）的一方会感到压抑和愤恨，因此对诱惑免疫力不强。

菲比和亚当是通过工作认识的，那时候他们都二十几岁，收入也差不多。原先，他们的关系很好。相处五年后，菲比怀孕并放弃了工作。"我经历了难产，患上了产后抑郁症。我的自信心跌落谷底。亚当穿着笔挺的西装去上班，我却一天到晚被婴儿缠着。虽然他的钱是我们的钱，但花在我身上的时候，我会感到愧疚。以前我自己挣钱的时候，从来没有这些烦恼。"菲比说。后来，她和一个朋友的丈夫出轨了。"我既内疚又兴奋，我真的很久没有体验过这么强烈的性冲动。注视情人的眼睛，我能看到他的欲望，能感受到他是如何为我冒风险的。"她对自己又有了信心。

在下一阶段会有更多关于平衡不平等关系的内容。我认为帮助不平等夫妻的最好办法是关注他们之间的交谈方式，其实也是下一个"潜伏"的隐患的主题。

交错沟通

"人际沟通分析"理论是由美国精神病医生艾瑞克·伯恩在20世纪50年代提出的。他认为我们的一切思想、感情和行为都来自我们个性中三个不同的部分：父母成人和儿童。这个观点类似于弗洛伊德的超我（super ego）、自我（ego）和本我（id）。需要强调的是，这三个部分同等重要，只是被需要的时期不同。"父母"部分有两种类型：照顾型（关怀和友善）和批评型（严厉和坚定）。"儿童"部分也有两种类型：自由型（创造性和趣味性）和适应型（取悦他人、闷闷不乐或叛逆）。相比之下，"成人"部分只有一种类型，是理性和体贴周到。

当你和伴侣都使用个性中的相同部分时，沟通就会顺利进行。例如，你们俩被邀请参加一次略显无聊的派对。两人目光交流时，你内在的"儿童"部分和伴侣内在的"儿童"部分相遇了，于是你们一拍即合地决定播放一些曲子，让大家跳舞。伯恩称这种现象为"一致沟通"（Concordant Transaction）。这种相对直接的交流方式的另一种变体是，当一方的内在"儿童"部分抱怨"我永远也做不完这些事"时，另一方的"照顾型父母"部分会回答"不要紧，我会处理的"。这种交流方式被称为"平行沟通"（Parallel Transaction）。理论上，平行沟通能保持较长时间的愉快关系。

问题来自伯恩所说的"交错沟通"（Crossed Transaction）。举个例子，你性格中的"成人"部分问："看到我的钥匙了吗？"你的伴侣没有用他内在的"成人"部分回答，反而说："你不应该把东西到处乱放！"这是批评型父母的回答，或者"你总是把所有事情都怪我头上！"这是适应型儿童的回答。顺便说一句，除了语言，还有语气、面部表情和肢体语言都能暴露我们性格中的哪一部分在发挥作用。

利用人际沟通分析理论，避免交错沟通的关键是发现你的个性中的哪一部分在起作用。下表应该会有帮助：

	父母		成人	儿童	
	批评型父母	照顾型父母		自由型儿童	适应儿童
措辞	应该 不要、不能 如果我是你	我来帮你 不用担心 没关系	如何、何事 为什么 什么是事实和选择	哇噢 太棒了 你肯定想不到	对不起 如果只是 这不是我的错
语气	严厉苛刻的 评头论足的 愤愤不平的	宽慰的 温和的 关心的 同情的	清楚的 探究的 坚定的	欢快的 精力充沛的 激动的	恳求的 安慰的 反对的
肢体语言	指指点点 双手叉腰 眼睛向上翻	张开双臂 点头 抚摸	眼神平视 表情自然 用心倾听	明亮的眼睛 夸张的动作 本能举动	低垂着眼睛 撅着嘴唇 耷拉着肩膀

当一个人因屈服于诱惑而出轨时，他们通常处于适应型儿童模式。如果处于成人模式，他们会说："我不快乐，我们需要改善关系。"那么，是什么阻止他们当"成人"呢？因为他们担心从伴侣那里得到批评型父母的回应，比如，"我为你付出了这么多，你还说不开心"或者"你不要以为生活总是美酒和玫瑰"。最常见的交错沟通发生在批评型父母和适应型孩子之间，从而双方回到"潜伏"的隐患阶段，这也是夫妻地位不平等的体现。那该怎么办呢？

- 学会识别你和伴侣正在使用哪一种模式。把这些模式指出来："你的话听起来像极了批评型父母。""我是不是表现得像适应型儿童？"

- 如果伴侣的反应让你不高兴，先检查一下自己使用了个性中的哪一部分。如果你感觉伴侣像个孩子一样任性，那可能是你在以批评型父母的身份和他说话。如果对方跟你说话时，把你当成小屁孩，那可能是因为你的表现像适应型儿童。这两种情况最好都切换到"成人"模式。

- 对方的反应很可能与你采取的模式相匹配。所以，如果你使用"成人"模式，你的伴侣也会以"成人"身份回复。如果你使用"自由型儿童"模式（让我们下午偷偷溜回家睡大觉），伴侣可能也会以类似的方式回应。

这种技巧对于一方（或双方）都觉得权力失衡的夫妇特别有用。如果你平等对待你的伴侣，他也会开始表现得不卑不亢。

孩子的人生阶段

有时候，人们会感到心慌焦虑，却说不出确切原因。这种感觉莫名其妙，以至于我们无法确定是否真的有问题，也很难用正常的方法来解决，因此很多人忽视了"潜在"隐患的警告信号。然而，在你的内心深处，某些东西正在发酵，无论你多么忙碌，它还是不断蚕食着你的快乐。我认为有这种心理状态的人虽然不快乐，但至少无须遮掩欲望，也有羞耻感和内疚感。那么，到底发生了什么？

也许接下来要讲的案例能够解释这种"潜伏"的隐患。38岁的阿德里安寻求帮助是因为他和一位前同事有了婚外情。"我觉得自己是个不计后果的傻瓜。我妻子正怀着孕，她需要我，但我总是溜出去见那个女人。我真是个大浑蛋！"他说。"你觉得当爸爸会是什么感觉？"我问。"我已经有两个孩子了，真觉得够了。"他曾把自己的顾虑告诉妻子，但她没有表示同情，而是跟他说习惯了就好了。"我真的觉得我们犯了一个大错。"他双手抱着头，叹了口气。

我查看他的家谱后发现，他是家里的第三个孩子，父母在他 6 岁时离婚了。"你父母为什么离婚？"对于我的问题，他只是耸了耸肩。他的身体语言让我看到了一个满是困惑的小男孩的影子。"你觉得父母离婚跟你有关系吗？"他回答："不一定。他们的关系一直不好，总是吵架，但我加重了他们的压力。"我说出了他脸上流露出的想法："你是不是觉得如果你没出生的话，他们或许不会离婚？"阿德里安轻轻点了点头。当然，父母离婚不是他的错，但他一直把这种愧疚埋藏在心底。他自己的第三个孩子即将出生的事实，让这个"潜伏"的隐患重新浮出水面。

对于许多婚姻问题，我找不到头绪的时候，就会听听他们的家庭背景，并了解他们处于自己的孩子当前年龄段时的经历。令人惊奇的是，我一次又一次地听见了从他们的过去传来的回声。

我们的儿女背负着太多我们的希望和担忧，即使我们自己顺利度过了他们现在所处的人生阶段，子女的不顺还是会对我们产生影响。那么，哪些生活琐事会导致婚外情呢？

- 孩子离家上学。第一次尝到独立的滋味，会让我们更加渴望独立。

- 也许我们自己的婚姻关系很牢固，但我们的青少年孩子可能正在面对初恋或失恋的悲欢离合。你会很容易怀念自己的年轻时代，羡慕孩子的活力、容貌、体型或永葆青春般

的感觉。中年时期就是检验人生、感觉对错的时候，这是
二个叛逆期，人们会把谨慎抛到脑后。这种情绪是有感染
力的。这就是为什么许多青少年孩子的父母会主动越过婚
外情的警戒线。

· 当孩子们长大成人并飞离巢穴时，以"为人父母"为中心
的家庭关系会瓦解，父母们感到生活空虚，失去了目标。
逃离的诱惑，哪怕只是暂时投入第三者的怀抱，也会让人
无法抗拒。

继续前进

勇敢面对那些从自己的孩子身上回想到的往事，这是驱散回
声的最好方法。但是，没有人愿意承认自己在嫉妒孩子或曾经和
孩子如此相似。然而，这可能是一个重要的突破口。阿德里安开
始理解他凭空想象的厄运感了。他停止了婚外情，向妻子提起自
己作为第三个孩子的经历。他终于明白，不管对即将出生的小生
命的认同感为何，他和这个婴儿是不同的人，历史不一定在孩子
身上重演。说出自己的担忧，在阳光下翻晒"潜伏"的隐患，风
险就会蒸发得无影无踪。

即使你的伴侣不想承认过去的回声，让他讲述那个特定时期
的故事，对他来说也是一种解脱。询问他小时候与父母生活时的

大量细节，与今天对比看有什么相似之处。在很多时候，这种讨论使我们能够重新理解"潜伏"的隐患并将其从脑海中驱除。还有一些人在与孩子相处的过程中找到了行之有效的新方法，重新掩埋了"潜伏"的隐患，从而舒缓了紧绷的家庭氛围。

－ 应对低自尊 －

在"绝望"阶段暴露出来的问题之一是低自尊。不用多说，伴侣出轨对自信心或自我价值感没有任何好处。然而，有关自尊心的问题往往比表面看到的更复杂，最好的解释方式还是看看我的咨询案例。

43 岁的丹妮尔结婚后，体重增加了很多。自从发现丈夫出轨后，她很快减了两英石[①] 的体重。"他说他还是喜欢我，如果我减肥的话会更喜欢我，但还是经常在别人面前取笑我的体重，这让大家都很尴尬。他甚至在苏格兰的一次工作面试中也拿我开玩笑。那家公司邀请了一些新员工的家属前去参观。我和他未来的老板聊天时说，我很高兴能搬到那里去住，因为我想去滑雪。这时他打断我说，'你得先减掉一吨体重才能滑雪！'我知道他真的不喜欢肥胖的女人，经常拿我和他的胖继母做比

---

① 1 英石约合 6.35 公斤。——译者注

较。他讨厌她，把她当傻子对待。我觉得在他眼里，我也是一丘之貉。"

不难理解为什么丹妮尔会抑郁和自卑。然而，她的丈夫利亚姆也同样缺乏自信。另一个女人的关注让他感到荣幸，暂时提升了自信。不过，搞婚外情被发现后，他感觉又一次受到了现实的打击，对自己的评价更低了。可悲的是，他没有正确排解自己的负面情绪，而是不知不觉中拿丹妮尔撒气，好像让丹妮尔难堪他心里就会好受似的。毕竟在他看来，出轨不是他的错，而是她太胖了！

这种把别人当作一块空白屏幕来演示自己的需求和情绪的倾向被称为"投射"（projection）。利亚姆没有尝试与继母改善关系，也没有驱散童年阴影，而是把自己的问题投射到丹妮尔身上。这种情况该怎么办呢？首先，我让丹妮尔明白，利亚姆和继母关系不好不是她造成的。无论她减掉多少体重，根源问题仍然没有得到妥善解决。所以，我让她大声地重复，"我不是利亚姆的继母。"

接下来，丹妮尔需要弄明白为什么自己容易成为利亚姆"投射"的目标。"因为我也不喜欢自己的身材。如果有人用奇怪的眼神看我，我就很不自在。我想他们可能偷偷笑我是'肥猪'。"她解释道。看来，丹妮尔是自愿上利亚姆的"钩子"的。我问她："如果你不介意自己的体重的话，会如何回应利亚姆的评价？"她笑着说："可能会说'你的身材也不怎么样'。"她已经开始主动拆除利亚姆预备的"钩子"了。即使利亚姆继续对她的身材说三道四，也没那么容易伤害到她的自尊心了。

后来，丹妮尔鼓励利亚姆和继母好好谈谈，劝他和继母建立一种成年人之间的正常关系。

如果你们的关系中也有"投射"问题，请按照以下简单的方法去做：

· 当有人把他们的不愉快强加给你时，要学会辨认。
· 明白对方的问题不属于你。无论你多么爱一个人，都没有责任解决他所有的问题。
· 取下心理上的"鱼钩"。当有人说一些扎心的话时，提醒自己"这与我无关。"
· 鼓励另一半审视他自己的问题。选一个安静平和的时刻，讨论他那些伤人的话的真正意图。

当涉及低自尊时，请问自己以下几个问题：

1 我现在的目标切合实际吗？

写下那些没能实现，让你产生自责心理的目标，看看你的期望是否过高。例如，婚外情被发现后只过了几周或几个月，但你觉得关系的恢复程度应该比现在更进一步。大多数夫妇需要六个月左右时间才能达到第六阶段。

2 你在生自己的气吗？

婚外情发生之后，许多人责备自己没有更早地预见迹象，认为自己不够好或疏忽大意才导致伴侣出轨。你的自责真的有道理吗？你有先见之明还是天生多愁善感？你是否为伴侣的不忠背负了太多责任？实际上，你可以向另一半发泄怒气。（如果你觉得这样做有风险，请回顾上一章的练习"达成共识"，学会表达自己的感受而不是闹情绪。）

3 你有没有低估自己在前进道路上取得的成就？

当一个人疲惫不堪的时候，很容易忘记自己曾经有多强大、多能干、多坚韧。可惜，到第六阶段后，许多自卑的人忽略或轻视已经取得的成就，把注意力放在还没做好的事情上。如果你属于这种情形，请列一份清单，写下过去几个月里学到的知识、从自己身上发现的未曾料到的品质以及强项。

4 你是否害怕处理和伴侣之间的一些矛盾？

如果说愤怒是滋生自卑感的最重要的潜在因素，那么第二个因素就是恐惧。所以，排查你们关系中的安全隐患，并考虑如何勇敢地去消除。记住，拖延和逃避不仅会降低你的自尊心，最终还会让你落入束手无策的境地。

－ 直面恐惧 －

一想到伴侣的婚外情就头皮发麻是正常的现象，因为它会让你产生各种不好的情绪：被抛弃、遭冷落、脆弱、痛苦、丢脸和失败。当隐患逐渐浮出水面时，人们担心还会有更多不好的事情发生。然而我的访客们发现，当他们直面真相时，心理冲击力并没有想象中那么大。这是因为我们的恐惧感往往在隐患即将暴露时达到顶峰。直面利亚姆对她体重的奚落时，丹妮尔说："我的心怦怦直跳，就像打在铁皮屋顶上的冰雹。不过，我发现他对自己的长相不自信。他读书时个子小，而且不擅长体育运动，其他男生总是找他的茬。"利亚姆听到妻子的话后忍不住哭了，丹妮尔却感到一阵愉悦。"终于可以着手解决问题了。我们不再用尖锐的棍子互戳对方的痛处，而是开始平等地交谈。"通常情况下，那些让你害怕的，也会让你更强大。

如果你仍然感到恐惧，可以通过回答以下几个问题，把面临的挑战分解成几个简单的步骤：

· 我到底在怕什么？

- 我是否在夸大或扭曲实际情况？

- 如果不克服恐惧，我会失去什么？

- 我可以借助什么资源来迎接挑战？

- 可能发生的最坏的情况是什么？

- 我该如何应对这些后果？

- 直面恐惧后，我会有什么感觉？

你可能是在担心"翻旧账"会弄巧成拙，或者你无法判断另一半对你的感情深度，这表明你还需要了解更多的信息。如果是这种情况，你有两个选择：可以回顾上一章的练习，或者先放弃挑战，把注意力转移到你们关系中积极的一面。

- 为感情注入活力 -

第六阶段是特别困难的，所以平衡消极因素和积极因素显得很重要。为了防止你们的关系被绝望的情绪压垮，请尝试以下三种应对策略。

1. 回忆过去。

与其没完没了地谈论存在的矛盾或外遇的细节，不如回忆过去的美好时光。怀念你们初次相遇的日子是个好主意。在浓情蜜意的回忆里多停留一会儿，把所有珍贵的细节都还原出来，重温往日的激情和幸福。

2. 寻找共同话题激活爱。

每一对恋人都有专属于他们的，对其他人来说毫无意义或难以理解的"悄悄话"。这些可能是你俩最喜欢的电影里的台词，或是老套的笑话，比如"会以为我是贪图你的钱才嫁给你的"。①

3. 安排专属宴。

形式不用太复杂，时间上最好在近期。比如，在喜欢的餐馆吃一顿饭，在旅游景点玩一天或听一场音乐会。成功的专属宴表明你们仍然可以一起"好好玩耍"，你们的关系值得投入更多。

给出轨方的寄语
让隐患浮出水面

- 外遇被发现后，双方为拯救关系做出努力的时间是不同的。不过，到第六阶段后，你们会同时感受到绝望的气息。

- 外遇是一种信号，表明你们的婚姻关系中藏匿着重大的安全隐患。在这个阶段，这些隐患终于浮出了水面。尽管过程是痛苦的，但你还是可以从中吸取重要的教训。

---

① 这是一则英语笑话里的一句话。炎热的一天，老公想光着身子割草。他问妻子："亲爱的，如果我脱光衣服，邻居们会怎么想？"老婆回答："会以为我是贪图你的钱才嫁给你的。"——译者注

- 在这段婚外情中，你喜欢自己哪些方面的表现？你和以前有什么不同？如果一段新的关系能让你发现崭新的自我，那么如何将这些新事物从婚外情的泡沫世界带到现实世界中呢？

- 如果你想对生活做出根本性的改变（也许是在发生中年危机之后），和你的伴侣讨论各种可能性并理解他的担忧或恐惧是很重要的。共同得出结论，而不是告诉对方一个既成事实，这将为你们的关系提供强劲的推动力。

- 如果另一半对你的态度很粗鲁，那通常是因为你的不忠让他感到悲伤和失望。不要只看伴侣的表面情绪，要富有同情心，让对方相信你在乎他，这样做你会得到回报的。

- 切断与第三者的所有实际联系会让夫妻关系变得更加牢固。然而，一想到要完全失去情人，你可能会觉得痛不欲生。也许你很想发送一封邮件问候一下，但这会重新揭开伤疤，损害你与伴侣之间脆弱的关系。不要慌张！仔细考虑与第三者的关系并正视失去是治愈过程初期的正常做法。（更多信息请参见练习部分的"哀悼逝去的爱"。）

- 这是一个艰难的阶段，但确实是黎明前最后的黑暗。

新技能：接受

大多数夫妇对第六阶段可能出现的隐患是心知肚明的，所以不会大惊小怪。许多人会努力寻找解决办法，但也有人会愤怒、伤心、不想接受或不屑一顾。他们会说"她不是有意这样做的"或"如果他真觉得我是那样的人，他就得好好想一想了"。然而，外遇发生之后，伴侣们已经习惯于倾听并处理问题。正如美国心理学家、哲学家威廉·詹姆斯（1842—1910 年）所写："能够接受已经发生的事实，是克服任何不幸的第一步。"我不止一次地发现，当一个人真正感受到他的痛苦或诉求被他人关注，或者所有复杂的情况得到认可时，突破就近在咫尺了。

那么，如何才能达到这一点呢？答案比大家想象的要简单：保持沉着冷静。我们担心，一旦伴侣提出问题，我们就不得不解决它们。（这就是我们焦虑不安和想逃避的原因。）其实，你什么都不用说。语言完全是次要的，如果有需要，语言自己会从沉静状态中冒出来。你只需要听听伴侣的感觉（从他的视角来看，这是完全正当的），坐在那里，聚精会神地听，仅此而已。这听起来很容易，但在这个物欲横流的世界里，我们要忙于生计，要赚钱；所以，全身心地投入和慷慨的陪伴是最好的礼物。当你放弃改变一个人的想法时，他们就不必再为自己辩护，也会变得乐于接受你的意见，这就是奇迹。

概　要

- 到第六阶段，伴侣们已经准备好超越表面问题，去寻找婚外情的根源和深层苦恼。

- 如果你感到力不从心，回顾一下已经学到的技能。

- 问题可以分为三类：已知的隐患（长期的且难以解决的问题）、被发现的隐患（婚外情引发的问题）和潜伏的隐患（这些问题往往深藏于人的潜意识中，需要发掘出来）。

- 在这个阶段，你不仅可以关注自己的童年，还可以关注与子女的关系。与伴侣沟通的方式非常重要，要作为由两个成年人组成的、紧密合作的团队，而不是一个扮演爱批评的父母，另一个扮演叛逆的孩子的角色。私下里一起讨论争议，在子女的问题上保持统一战线。

- 很多时候，你唯一需要恐惧的就是恐惧本身。

- 当一个潜伏的隐患或争端浮出水面时，要勇敢面对它。只要保持沉着冷静，合理的解决方法自然会出现。

- 练习 -

向伴侣诉说"难言之隐"

在许多关系中，有一个核心问题没能得到妥善解决。通常双方都知道这个问题的存在，但只有在争吵最激烈的时候气冲冲地提到（因此被忽视，也不能被倾听者正确理解），或者在小问题上以细微难辨的方式表露出来（这些问题被孤立地看待，因此其严重性无从得知）。

那么办呢？请看以下六个步骤：

1 勇敢提出问题。

一般来说，当一方说出难以表达的问题，并表示解决问题的意愿时，另一方可能会感到紧张，但也会因为问题终于被公开而松一口气。

2 仔细考虑。

确保你要告诉另一半的是他可以改变的事情或行为。（例如，变得更加独立。）相比之下，"我从来没有真心喜欢过你"或者"我结婚只是因为被我父母逼的"之类的话既残酷又无意义。如果你拿不定主意，先和一个知心朋友讨论一下。

3 **说出感受。**

对你的伴侣生气、怨恨或失望是正常的，两个人过日子，不可能一直风平浪静。与其将问题以冷嘲热讽、辱骂或家暴等形式爆发出来，不如试着向你的伴侣诉说。例如："我感到愤怒"或"我缺乏安全感"（记住，要强调这是你的内心感受，可能伴侣并不是故意为之）。

4 **解释清楚。**

说出产生这些感觉的具体时间、场合，否则你的伴侣可能会误解或得出错误的结论。例如："当你不想听我说话的时候"或"当你想去别的地方的时候"。接着解释原因："因为我觉得你不在乎我"或者"因为我以前被你拒绝过"。

5 **汇总信息。**

在最后两个步骤，你可以采用有效沟通的三段叙述法："当你……时，我觉得……，因为……"例如，"当你不想去有异国情调的地方时，我感到很失落，因为那是我期待已久的度假地"。

6 **安抚对方。**

在告诉伴侣一些不愉快的事情之后，有必要给予对方安慰并关切地询问他的感受。例如，"我之所以说这些话，是因为想要挽救我们的关系，就必须坦诚相待"或者"你感觉如何？"

刷新信念结构

我们的生活是由数百种不同的信念（或信仰）支撑的，这些信念来自我们的父母、学校、朋友、社会文化和生活经历。不定期地将这些信念从我们的潜意识中唤醒，检查有没有过时是很重要的，自卑的人尤其需要这样做，因为过度消极的信念结构会阻碍我们前进。我说的信念是什么？是我们当作真理来接受的一些说法。例如，"老狗学不会新把戏""天下没有免费的午餐""生活本来不公平""总有人比你境况差"或"都怪我"等。

1　在一张纸上写下你的信念。在不同人生阶段都要写，多多益善。给你参考一些我自己的信念。童年时期："我想要的总是得不到。""家人是个羁绊。"接下来是上学时期："你很平庸。"（在根据学习能力划分的学校里，我总是在中等水平。）上过大学或接受过职业培训后的新信念："生活就像垃圾，你挣的面包越多，你吃的垃圾就越少。"（20 世纪70 年代，在我所就读的大学的厕所墙上写的一句话。）你

的朋友有哪些信念？比如，"那些杀不死我们的，终会使我们更强大"。来自大众文化的："不努力的人，只能喝西北风。"再加上从自己的经历中获得的信念："人生如果过一天算一天，我总能熬过去。"（我第一任妻子去世后的悲痛之感。）

2　写下大约二三十条信念后，仔细检查一下，数一数有多少是有利的（积极的），有多少是不利的（消极的）。对于自卑的人来说，做分类尤其重要，因为他们大多数人的信念明显更为消极。

3　质疑这些信念的正确性。比如，大学厕所墙上写的那些，富人真的更幸福吗？我们的成长不需要一些困难或不愉快的经历吗？

4　哪些信念是扭曲事实或已经过时的？上大学时，暑假期间，我在一个夏令营当救生员，我遇到的很多人没有学历或学历不高。这时候我发现，我以前一直拿自己和周围的同龄人做比较，其实，在大环境中我并不平庸。

5　怎样改变自己的信念呢？也许可以把"我想要的总是得不到"这句改成"会哭的孩子有奶喝。想要什么就说出来！"

6　可以从哪里获得一些积极的信念？例如，本书中提到的"从消极中汲取积极的能量"，还有我写的其他作品中的"你完全可以重新坠入爱河"（《幸福关系的 7 段旅程》）。几乎每一部电影都有一些振奋人心的台词，所以想一想从你喜欢的电影中可以学到哪些信念。

哀悼逝去的爱

虽然出轨方与第三者没有再发生性行为，其他联系也被切断了（如果是同事，退到单纯的工作关系），但许多出轨方坦言对第三者仍然有感觉。这项练习的目的是帮助出轨方清理外遇的"残留物"。如果你的伴侣正在哀悼逝去的爱（可能曾经以为安全可靠），这项练习可以帮助你为重建一段新的、更美满的关系扫清障碍。

1 扔掉能够唤起出轨记忆的东西。

比如，所有涉及外遇的礼物、信件和其他爱情信物。除此之外，有必要做更多的事，比如，有意绕过曾和情人幽会的酒吧等让你印象深刻的敏感地点。如果你是被出轨方，可能需要扔掉那些感觉被伴侣的不忠所玷污的东西。例如，一张看似快乐的度假合照，但后来发现你的伴侣这时已经有了外遇。

2 不要沉溺其中。

对于出轨方来说，这表示当收音机里响起第三者最喜爱的歌时，切换频道。对于被出轨方来说，当脱口秀节目大讲出轨劈腿的话题时，切换频道。没有必要折磨自己。

3　分散注意力。

与其不分白天黑夜地想象事情会如何发展，不如解决一些实际且紧迫的问题，比如晚餐吃什么，什么时候该给车子做保养等。

4　重新融入生活。

对于生活中的一些特殊人物，我们常常会赋予他们独特的角色意义。例如，祖母是你唯一不想伤她心的人，父亲是你的依靠或保护伞。丧失亲人后，疗伤的最后环节是我们能够重新爱护自己或珍惜生活。你有外遇的话，想一想情人对你意味着什么。也许他对你的事业有帮助？如果是这样，你自己如何在事业上取得进步？（可以和人力资源部的同事谈谈参加培训课程的事。）也许他让你觉得自己又变年轻了？既然如此，为什么不追随那些被束之高阁的年少时的梦想？（你可以买一把吉他去上音乐课。）如果你是被出轨方，想一想伴侣出轨前，你们的关系是否真的如意。塞翁失马、焉知非福，也许这段婚外情反过来帮你充分认识到了险境，如何开始为自己的人生负起更多责任？

检 查 站

顺利通过第六阶段的三个关键点:

1 将这一阶段的困难视为改善关系的好机会。

2 用心倾听,设身处地为伴侣着想。如果没有确凿的证据,相信他说的每一句话都是真诚的。

3 设想一个积极的小变化,实现这一变化的第一步需要做什么?

第七章

强化学习

Intense Learning

发现出轨

愈合伤口

走到最后一个阶段时，爱火重新开始燃烧，关系会比以前更加亲密。许多人取得了可喜的成就，但还是忐忑不安："如果我们的关系又溜回原来的状态，怎么办？""我怎么能确定他不会再出轨？""我知道我应该选择信任，但仍然很难做到。"如果你也有这些顾虑，请放心！关系修复到这一步，人们通常会产生些许怀疑或莫名的信任危机。解决这些担忧的最好方法是参考别人出轨的教训，让你们免受这些因素的影响。土耳其心理学家聚哈尔·耶应切里和多安·柯克代米尔就不忠问题对 400 多名学生进行了调查（包括单身的、正在恋爱的和少数已婚的学生），其中 36% 的学生表示直接经历过不忠行为，他们当中有出轨方，也有被出轨方。总体而言，学生们给出了 100 种不同的出轨原因（《社会行为与人格》，2006 年）。这些原因被分为六类，并按常见度从高到低排列，依次为：

正当性

- 伴侣对你们的关系失去了兴趣。

- 在这段关系中，看不到未来。

- 伴侣对你漠不关心。

- 这段关系就是一个错误。

- 跟别人劈腿是为了报复伴侣。

  （这一理由更有可能被女性使用。）

诱惑

- 出轨方是被漂亮／英俊的人勾引的。

- 对别人有强烈的欲望。

  （这种辩解更容易被男性使用。）

正常化

- 现在流行搞外遇。

- 大家都这么干。

- 这是人类的本能行为，也是一种权利。

  （男人认为这是女人不忠的一个理由。）

性

- 性生活不和谐。

- 伴侣不愿意发生性关系。
- 伴侣表现出不合理的性癖好（比如，参与禁忌的性活动）

  （有趣的是，男人用这个理由把自己的性需求投射到女人身上，并错误地认为这个因素对女人来说也很重要。）

社会背景

- 结婚太早。
- 成长阶段社会文化环境比较保守。
- 在青春期，几乎没有谈过恋爱。

感官需求

- 追求享乐。
- 对一成不变的生活感到厌倦。

在我看来，前两个原因，即正当性和诱惑是最重要的。确实如此，只有当出轨的一方觉得自己的行为没有正当理由时，"正常化"和"社会背景"原因才会派上用场。同样，只有在关系中存在"性"或"感官需求"问题时，一个人才会容易受到外部诱惑。那么，如何利用这些知识来保护你们的关系呢？在本章中，稍后我将解释如何防范诱惑（"性福生活的三个基本要素"），但更重要的是建立坚实的感情基础并改善沟通，以对抗"正当性"

理由。

- 良好关系的四个基本要素 -

列夫·托尔斯泰在他的长篇小说《安娜·卡列尼娜》的开头写了一句名言："幸福的家庭无不相似，不幸的家庭各有各的不幸。"那么，幸福的家庭拥有哪些相似的品质，从而能够克服千难万阻避免沉沦为不幸的家庭呢？可惜，幸福家庭的故事通常戏剧性不够，因此很少出现在书本或电影中。值得骄傲的是，我曾帮助数百对伴侣营造了幸福的家庭。当他们开始掌握并重视以下四种关键技能的时候，我知道我的任务快要完成了。

倾听和交谈

第一项技能并不特别。来到我的咨询室的夫妇中，很多人会抱怨："他从不跟我主动说话"或者"她把我当外人看"。交流的重要性不言自明，但是也有人过于重视表达自己，却忽略了同等重要的倾听技巧。抱怨伴侣不跟自己沟通的人，却在对方开口说话时，再三打断！（爱交流的一方总是不够耐心，觉得在开始听对方说话之前，需要先说完一个重要的事情。）这个时候，比较安静的一方会觉得对方在故意干扰，于是变得越来越沉默。其实，交流过程中越善于倾听，沟通效果就越好。这里有几个技巧：

- 一个好的倾听者对让他不舒服或不愉快的内容有心理准备，不会有过度反应。
- 一个好的倾听者会详细询问并确认自己是否正确理解了对方的意思，而不会贸然下结论。
- 一个好的倾听者不会利用对方说话的时间来默念自己的辩词。
- 一个好的倾听者会首先肯定对方的观点（从对方的立场看问题），然后再提出不同的意见。

只要掌握倾听和交谈的技能，伴侣之间就能推心置腹，从而取得显著的进步。

我们在第二章、第四章和第六章中介绍过保罗和特蕾西夫妇。他们通过谈论各自过去的性伴侣，加深了对彼此的了解。特蕾西说："这个话题以前一直是禁区，不是因为嫉妒，而是因为感到不自在。"他们发现了什么新信息？她解释说："一般情况下，我是在想发展长期稳定关系的时候，才和男人上床。只有两次例外，而且每次我都觉得自己很堕落、很肮脏。"

保罗说："我从小接受的是天主教的家庭教育，牧师兄弟们再三强调我们不能离经叛道。因此，我上大学后，就像重获自由的人一样放纵自己。"

听了保罗的话，特蕾西才明白，虽然她自己认为性和爱不能分开，但对保罗来说性和爱是两码事。特蕾西开始对保罗的不忠有了新的看法。"他出轨只是为了满足生理需要。他没有给她买礼物，也没带她去什么特别的地方——那些才是真正让我难受的事情。"

接受你的伴侣对一些重要的事情的不同看法，并学会适应彼此间的差异是一种成熟的生活态度，能为关系的复原夯实基础。还有一项发现对保罗来说意义重大。"我还记得小时候家里的气氛。我妈因为害怕再次怀孕而不让我爸靠近时，他会非常气恼。在圣诞节和复活节期间，全家聚在一起的时候，我注意到只要我妈的态度缓和下来，我爸的心情也会变得愉快，家里的氛围也会轻松起来。"作为一个成年男子，当妻子对性爱提不起精神或不配合时，保罗也曾生过闷气。"我以前觉得好像我有权利出轨，但我现在意识到，出轨不是满足性需要的正确方法。"

提出问题和把握分寸

夫妻之间拥有包容性、相似的价值观和健康的性生活非常重要，但解决分歧的能力才是判断婚姻关系质量的最佳指标。西雅图华盛顿大学的心理学家约翰·戈特曼修建了一个婚姻实验室（一套配备厨房、客厅和卧室的舒适公寓）不仅可以观察夫妻之间的互动，还可以监测他们的心率、脉搏以及在面对压力时的焦虑程度。经过对2000对已婚夫妇所做的耗时20多年的调查，他宣称在预测婚姻是否会存续方面准确率已达到94%。戈特曼的研究不仅驳斥了频繁争吵会导致离婚的观点，而且更进一步提出"偶尔的争执，尤其是婚姻早期阶段的矛盾，从长远来看，似乎对婚姻有好处"。

在每一段关系中，一方愿意提出问题，这固然重要；另一方的作用也不容忽视，但经常被误解。莉莎和鲍勃都快30岁了。和许多夫妇一样，他们也抱怨沟通问题——"我们的争吵解决不了任何问题"。他们第一次咨询时，鲍勃理直气壮地说："如果有什么问题，我都会主动说出来。但她总是闭口不谈，恨不得事事瞒着我。"他这话让莉莎充当了"反派"角色。对此，莉莎照例什么也不说，只是茫然地看着地板，好像等着我指出她的错误似的。经过一番鼓励，莉莎才开口为自己辩解。她说："有时候，鲍勃会为一些愚蠢的事情抓狂。生命很短暂，有必要为一些无关紧要的事情伤脑筋吗？"事实上，莉莎所说的是一种与提出问题同等重要的东西，那就是把握分寸。

我讨厌用体育运动来比喻婚姻，但是我觉得成功的夫妻关系确实有点类似于打板球。提出问题的一方当投球手，另一方当击球手（否则这对夫妻会一直争吵）。击球手可以选择仅仅挡球（避免吵架）或者回击六分球（开始吵架）。尽管传统观念认为妇女喜欢提出问题，而男子倾向于控制事态的发展，但今天，这两种角色完全可以互换。就像打板球一样，夫妻们也可以轮流体验当"投球手"和"击球手"的感觉。

他们是在鲍勃和一个同事偷情后前来咨询的。当然，鲍勃对自己伤害莉莎的行为很内疚。他热衷于挖掘童年往事，怀疑自己的不忠是从父亲那里"遗传"来的，因为他父亲有过多次外遇。他也想探究夫妻俩的每一次争论——他把自己的不忠归咎于这些争吵。当莉莎反对他的观点时，我知道他们取得了进展。"不是所有的事情都和你的外遇有关。我和你争论的可能只是'你洗碗还是我洗碗'之类的问题，而不是你的外遇。至于你父亲的过去，那是他的事。我们就不能专心过好自己的生活吗？"事实上，莉莎是在有效掌控分寸。

提出问题和掌控问题的分寸同样重要。如果双方都善于控制，安全隐患也会一起被掩埋。如果双方都提出问题，那么大把时间都消耗在争吵和分析问题上，使人变得敏感易怒。

"我们"与"我"

虽然对夫妻来说，共度美好时光很重要，但属于个人的独处时间也很重要。在"我们"与"我"之间取得平衡并不容易，因为过度依赖和过于独立都会损害夫妻关系。例如，我曾为一对约定永远不单独过夜的夫妇提供过咨询。他们的誓言听起来很浪漫。然而，听着他们的故事，我隐约感觉到了他们内心的幽闭恐惧感。

45岁的弗吉尼亚说："我想参加蹦床考试，通过的话我就可以开始教学了。但其中一个课程模块是需要寄宿学习的，我知道他会坚决反对。说实话，他有什么好生气的？"弗吉尼亚没能上那门课，因此怨恨她的丈夫阿利斯泰尔。"他在拖我的后腿，妨碍我做自己。"她继续抱怨。阿利斯泰尔后来同意他妻子去参加寄宿制课程，但还是认为她不想多花时间陪伴家人是个遗憾。他说："孩子们还小，需要父母的呵护，这种机会不是永远都有的。"

在"强化学习"阶段，夫妻双方都已经学会为自己的幸福负责，而不只是埋怨对方的过错。弗吉尼亚和阿利斯泰尔也不例外。弗吉尼亚说："我知道我的快乐不是由阿利斯泰尔一个人来决定的。我必须站出来争取自己想要的东西，而不是保持沉默和心怀不满。我开始觉得如果他真心爱我的话，应该给我更多的自由和真正的幸福。"与此同时，阿利斯泰尔也开始考虑个人追求，而不是被束缚于夫妻共同的需要。"我想做一些事情，比如参加《汽车大奖赛》，但我的妻子和女儿们都不感兴趣。"他们已经开始学平衡"我"和"我们"之间的关系了。

　　大多数情况下，过于独立的夫妇（忘记了关系中的"我们"）在来到我的咨询室之前，就已经认识到他们需要花更多的时间在一起。所以，帮助这类夫妇相对来说比较容易。如果你们是过于独立的夫妇，那就商量好一个固定的相处时间（比如，每周三晚上）并且坚决遵守。带孩子到处转悠、加班加点或者参加社交活动等都会占用夫妻共处的时光。

找到平衡

　　本书的主题之一，实际上也是我所有作品的主题之一，就是要认识到平衡关系的重要性。不幸的是，当夫妻关系陷入危机时，伴侣们往往变得很极端。比如，提出问题的一方会"鸡蛋里挑骨头"，能提出数百个问题，与此同时，他们的伴侣却愈发不承认。事实上，一方提出的问题越多，另一方就越觉得有必要加以遏制（否则，出大问题是早晚的事），这会让提出问题的一方更加焦虑，更加坚定地想解决（如果我不提出问题，什么都不会改变）。还记得前面讲过的夫妻关系"跷跷板游戏"吗？一方越是用力压自己的一端，另一方就越被抬高。想要找到平衡，双方必须停止施压。比如，一旦弗吉尼亚觉得她不再需要极力捍卫私人时间，她就更热衷于夫妻时间。相反，一旦阿利斯泰尔不再死守夫妻时间，他就能意识到私人时间和个人理想的价值。

45 岁的简在思考婚外情发生后如何找到平衡时，明白了自尊心太强不是什么好事。"我丈夫出轨前，我非常傲慢自负，对自己的评价很高。在我眼里，啥问题都是别人的错。"

相比之下，她的丈夫，41 岁的艾伦却很自卑。"我被简拒绝或觉得她不喜欢我时，我什么也不会说，而是把失落感藏在内心的黑暗角落里，并利用这些怨恨为自己的不忠和其他弱点辩解。"通过心理辅导，简不仅学会了怎样表示赞赏，还学会了如何表达对艾伦的重视。同时，艾伦也意识到，外遇并不能提升对自己的好感。他说："我得拿出一些男子气概，雄起。"简想了一会儿，总结道："我已经不再用'我很完美'的假象来抬高自己，我想我变得更像正常人了。"他们磨平了高自尊和低自尊的两个极端，使关系达到了平衡。

再说一说上一章中以孩子为中心的罗伯特和罗茜这对夫妇。在"强化学习"阶段，他们的关系也变得更加平衡了。罗茜说："我们结婚时，浪漫得像童话成真一样。他把我从吵得不可开交的父母手中解救了出来。我觉得自己像极了灰姑娘。"自然而然，罗伯特在她心里变成了"白马王子"——一个必须永远保持完美的人。他们在罗茜 19 岁的时候结婚了。婚后在生活的很多方面，罗伯特都掌握着主导地位。这对夫妇觉得是时候建立平衡的关系了，所以决定每天晚上留出一点时间来交谈。在婚姻危机中承担起自己的责任后，罗茜不再觉得自己是个等待王子解救的灰姑娘（将命运交由罗伯特安排）而是更能掌控自己的生活。

-"性"福生活的三个基本要素 -

前面介绍了如何防止伴侣拿着"正当性"的幌子去搞外遇，现在我们进入第二部分，通过研究如何防范"诱惑"来为你们的关系免疫。新罕布什尔州达特茅斯学院的英国裔经济学家戴维·布兰奇弗劳尔是数据和电子表格领域的专家。他不仅善于利用这些专业知识来预测经济衰退和利率变化的影响，还对预测人们的幸福感和生活满意度感兴趣。他计算出，和谐有规律的性生活每年能为你节省五万英镑（身心健康、家庭圆满能减少很多开支），它对男人和女人同样重要。这一数字强调了性生活对我们的整体幸福感有多重要。反过来，如果缺乏性爱的滋润，我们就会觉得生活暗淡无光，甚至是悲苦难耐。

在 20 世纪 80 年代，记者亚历山德拉·彭尼的伴侣出轨。她的疗伤过程的一部分内容就是采访两百名男性，询问他们是否背叛过伴侣以及为什么背叛。她的采访问出了男性的各种出轨原因，其中前五项依次如下：

1　出于好奇

2 多样化的性需求

3 性挫败感

4 打发无聊

5 想要被赞同和受重视

那么，女人为什么出轨呢？在 20 世纪 90 年代,《乌木》（*Ebony*）杂志面向读者和婚姻治疗师调查了女性出轨的常见原因。问卷得出的五个最常见原因如下：

1 自信心爆表

2 情感上被冷落

3 报复另一半

4 寻求刺激

5 诱惑和浪漫的感觉

如你所料，男性和女性的出轨原因有明显的不同，不过还是有一些重叠之处。女性"自信心爆表"类似于男人的"想要被赞同和受重视"；而女人"寻求刺激"则是男人"打发无聊"的另一种说法。女性肉体出轨的第七大原因"性剥夺"与男性的"性挫败感"类似。因此，在这项研究的基础上，我制定了以下三条规则。

允许对方发泄性欲望

- 谈论吸引你们的名人或街上的陌生人。诚实地说出你对谁的什么特质感兴趣，这样往往能熄灭秘密性幻想引起的硝烟。

- 互相取笑你们对布拉德·皮特、安吉丽娜·朱莉的爱慕，哪一个名人都无所谓。这种调侃能让我们觉得自己和伴侣是性感且富有魅力的人——这对我们的性自信和幸福感至关重要。

- 在聚会上允许伴侣和别人稍微调情。他人欣赏的目光和赞美的话语能带来强烈的自我膨胀。另外，看到别人觉得你的伴侣很有吸引力，也可以重新激起你对伴侣的仰慕之情。

告诉伴侣他有多棒

- 让另一半觉得他是世界上最好的伴侣。所以，给予对方大量的积极反馈，无论是口头上还是肉体上。

- 多加赞美伴侣的身体，即使他可能会大笑或不同意。比如，你对另一半臀部的欣赏能提升他在房事上的表现和自信。

- 为另一半获得的成就感到骄傲，不要觉得难为情。因为害怕有拍马屁或不真诚的嫌疑，许多人缄口不言。不过，我并不是叫你胡编乱造，你只需要告诉另一半你的内心想法。
"你为养家糊口这么努力工作，我真的很感激你！""那件
事情，你处理得很好，你真是个好父亲！""我知道你经常
去医院看望我母亲很不容易，我想告诉你，你的孝心让我
很受感动。"

- 用一些赞美词或体贴的举动向另一半证明你很欣赏他。例
  如，出去买新鲜的面包卷给她做三明治，或者早晨他还没
  起床时，递给他一杯热乎乎的咖啡。

- 当你的伴侣在家里感到既被尊重又被喜爱时，他就没有理
  由对别人的奉承做出回应。

让性爱成为一场冒险体验

- 我一说出这句话，许多人都联想到角色扮演、成人玩具等，
  并立即表示不想尝试。如果你和另一半对这些感兴趣，也
  无可厚非。然而，你们误会我了，我想说的是给你们的性
  爱注入新奇之感。

- 可以改变你们做爱的地方，不只是卧室，也可以在浴室做。
  在炎热的夏日夜晚，带上毯子到树林里（确保周围没有人，
  注意隐私和人身安全），或者在乡村旅馆租一张四柱床。

- 冒险就得保持神秘感，不要让你的伴侣知道下一步会发生

什么。举个例子，可能你掌握了一种不错的技巧，但不要一招通用，偶尔加入一些新鲜的花样。

· 环顾你的房间，利用一些道具和把戏来戏弄对方。冰箱里有什么东西可以倒在对方身上舔掉？

· 归根究底，最好的催情药是欲望被挑起的伴侣，所以不要强迫自己做任何不舒服的事。

· 一个在浪漫的爱情和刺激的性爱里徜徉的伴侣，不会被其他人诱惑。随着你们对共同未来的信心增强和性生活质量的提高，现在是时候开始探讨疗愈创伤的倒数第二段内容了。

– 真正的宽恕 –

在原谅你的伴侣（给他一次机会）与真正宽恕对方（让婚外情成为一个完结的话题）之间还是有区别的。实现真正的宽恕，需要满足以下四项要素。前两项有助于关系的恢复，同时你必须接受后两项。

补偿

看看怎样才能弥补婚外情造成的损失。有时，可能需要拿出一些实际的行动——换掉与第三者做爱而"玷污"的汽车，或者因为让父母为你担忧而向他们道歉。对于一些夫妻来说，可能是物质方面的表示——珠宝首饰或一次浪漫之旅。如果你的伴侣还没有做出补偿，想一想具体的方式并明确告诉他。不要指望伴侣和你默契到"心有灵犀一点通"。

放下对第三者的怨恨

怨恨插足你们婚姻的人情有可原。然而，走到最后阶段后，你应该试着超越你的第一反应。艾伦和简很想把外遇的事抛在脑后。他们去维也纳旅行了四天，一方面是为了庆祝幸存的爱，另一方面是为了做出补偿。在这段假期里，简决定给第三者写一封信。"不是因为生气（有一阵子，我很想去她家闹事）而是为了跟她划清界限，然后各过各的生活。"尽管有些痛苦，她还是在咨询时把信念了出来："你能体会当我发现艾伦把你带到家里，在离我衣服几英寸远的地方做爱时，我有多难过吗？这是一种污辱。"但信中也有一丝宽恕的意味："我知道你也受到了伤害。"

我理解简为什么写这封信，但不太确定她是否会寄出去。对此，简解释说："我想让她知道我和艾伦和好了，而且相处得很融洽。写这封信的部分原因是，我想阻止她幻想我们之间会起内讧，艾伦会回到她身边。我主要是想告诉她，艾伦对我完全坦诚，她没有什么'秘密'可以瞒着我。"信的最后一段描述了简和艾伦重生的爱，同时承认第三者也受到了伤害，并明确表示会原谅她。"也许现在还无法完全做到，但是快了。"简说。

抛开对宽恕无益的谬见

有很多原因让你觉得很难原谅出轨的另一半。以下谬见会使你挥不散过去的阴霾，难以走向明亮的那方：

- 宽恕会让我的伴侣轻松脱身或为他的不良行为找到借口。（如果你没有经过前六个阶段就原谅了对方，是有可能出现这种情况。但如果你们一起走到了第七阶段，他应该可以获得你的原谅了。）
- 他可能会重蹈覆辙。（如果你认为惩罚是让另一半保持忠诚的唯一方法，这个谬见会在你和伴侣之间设置永久的障碍，阻碍你们的后期治疗。）
- 他不值得被原谅。（如果你有这种想法，你们可能还没有真正到达第七阶段。这也表明你的伴侣还没有解答关于婚外情的所有问题，所以最好重新阅读第二章。）
- 宽恕意味着遗忘，这我永远也做不到。（记忆会留在脑海深处，但宽恕能带走苦涩的回忆继续侵蚀我们的力量。）

- 只有在满足某些条件的情况下，我才能原谅他，比如一个郑重其事的道歉。（本章的末尾"给出轨方的寄语"方框中有更多关于怎样向伴侣道歉的内容。）

- 如果我原谅他，别人可能会批评我。（对此，我想说两点：第一，你有没有让家人和朋友了解你们的进步？他们对你俩关系的认知是否只停留在你刚发现外遇时的状态？你打算如何向他们更新信息？第二，无论你怎么做，都无法取悦所有人。）

在了解关于宽恕的谬见之后，接下来探讨一下宽恕的真正意义。如果宽恕是真心给予的，而不是强迫的，它能让我们放下心中的芥蒂。放下执念，就是放过自己。因此，宽恕不仅仅是对伴侣的慷慨大度，也是赠予自己的一份珍贵礼物。它能帮助我们挣脱过去的桎梏，与婚外情划清界限，重新来过。原谅伴侣，也会使我们更容易原谅自己。

认清教训和收获

在本书的开头，我谈到了出轨危机中的危险和机遇。机遇就是学到一些重要的经验教训（未来可以用到的知识技能）并获得新观点、新智慧。如果你仍然觉得自己很难做到宽恕另一半，那就看看你们取得的教训和收获。

当 45 岁的朱迪发现丈夫背叛她且外遇已持续了两年时非常生气。第三者的孩子和她的孩子上同一所学校。更让她气愤的是，接受了一年的婚姻治疗后他也没有回心转意。绝望的朱迪甚至开始浏览复仇网站。幸运的是，后来她发现了我写的书《幸福关系的 7 段旅程》，而且阅读五个小时后觉得应该会有好转的办法。她填写我的"英国人出轨情况"调查问卷时，对自己有了以下新认识："我应该更放开一些，告诉他我不喜欢哪些事情，多和他争辩——我做得还不够，很多时候我显得闷闷不乐、默不作声，因此也无法再给他亲近感。"通过这个案例，你学到了什么？（有些收获可能是你不需要的。）你还能学到什么？

在我的调查中，大多数人从婚外情中收获了一些积极的教训，其中最普遍的是"我比以前更坚强了"（占调查样本总数的 25%）。为了反映不同的意见，我将受访者的答复分为四类：

积极的个人教训

55% 的人保持着积极向上的心态。除了"我比以前更坚强了"，第二常见的教训是"我可以原谅"和"我需要做回我自己"。其他的积极教训包括："我不是受害者"和"你可以悲伤，也可以愤怒，但不要让坏心情毁了你的一整天"。

消极的个人教训

消极教训占了18%，这强调了出轨行为给人的心灵伤害有多大。最常见的回答是"我真愚蠢"（占调查样本总数的7%），其次是"我缺乏信心"。其他的例子还有："我自以为坚强又快乐，其实我是一个软弱又孤独的女人""我能原谅别人，但就是学不会遗忘。我撑面子、装坚强的能力很出色""我可以自欺欺人，逃避现实"。

对未来的憧憬

这一组答案占调查样本的15%。最常见的回答是"我需要面对的东西很多"和"我必须在婚姻关系上加把劲儿"。其他的例子包括：我需要更多地与别人交流，更多地表达我的感受。我像斯波克先生①一样，很少表露感情。

关于婚姻和生活的一般教训

最后一类答案的占比为12%。这些人获得的最普遍教训是认识到了友谊的重要性和可靠性。其他典型的回答有："婚姻是最重要的人际关系""我不能为另一半安排他的人生"以及"正直、公平和坦率"的价值观。有趣的是，一个曾经出轨的人这样

---

① 斯波克是《星际迷航：原初系列》（ *Star Trek: The Original Series* ）电视剧的主角之一。——译者注

回复："我对自己的生活很满意。我不需要做不切实际的白日梦，也不需要羡慕别人的幸福。有多少人能如实说出这句话呢？"

– 重建信任 –

在初期的三个阶段中，关系恢复所需的一些关键因素已经到位。在第四阶段（"希望"），你的伴侣会主动提出或同意向你汇报他的行踪（"安全第一"契约）。他应该已经切断了与第三者的一切联系，并且积极回答你关于外遇的问题，以此来表明复合的决心。在第五阶段（努力恢复正常），你们之间的沟通应该有所改善。在第六阶段（绝望：深藏的隐患浮现了），你的伴侣表现出了解决长期隐患的决心，这为你们的新关系奠定了坚实的基础。最后在第七阶段，你们已经开始关心如何抵挡未来可能出现的诱惑，并为你们的关系接种了疫苗。

在整个关系恢复过程中，信任应该是自动建立起来的。事情的发展总是悄无声息，以至于很多人都表现得后知后觉。举个例子，另一半回家晚了却没有通知你，那时他很忙，没有注意到时间。不过，你恍然意识到自己没有了那种揪心的感觉，思绪也不再不受控制。于是你高呼："我做到了。"你何时又开始信任另一半了？危机已经结束的最好标志是你们开始一起憧憬未来了。以前，这些只是你个人幻想的一部分。一旦信任得以重建，夫妻俩就可以坦诚讨论，共同制定对未来的具体规划。

如果信任的所有要素都已备齐，但还是觉得有什么东西在羁绊你们呢？28岁的坎迪丝说："我想要信任莱尔，他很贴心，给了我他的邮箱和手机的密码。我觉得他是真心悔改的。我也相信他们已经没再联系了，但还是担心他可能又出轨。我担心这样纠结下去，最终我们会分道扬镳。"我建议坎迪丝在接下来的两周时间内尝试另一种策略。我把这个策略叫"假装"。停止不断怀疑和监视莱尔，她必须假装信任他，并把这种想象变成实际行动。这个实验几乎起到了立竿见影的效果。他们家的气氛变得温馨了，莱尔更愿意交流了（他不用再担心会受到坎迪丝的攻击了），他们的关系更加亲密了。没过多久，坎迪丝不再需要"假装"，而是真的开始信任莱尔了。

给出轨方的寄语
强化学习

- 这是治疗过程的最后一个阶段。你们的关系将更加牢固，但是离完全恢复，还差最后一个要素。

- 你可能发现自从另一半知晓你有外遇之后，除了说声"对不起"之外，你什么都没做。然而，口头上的"对不起"并不等于真正的悔改。

- 真正的悔改包括：了解自己的所作所为；全面交代事实；承认对伴侣的伤害；详细描述你的行为造成的影响；表示歉意并提出补偿的建议。

- 任何微不足道的事情都可能让另一半怀疑你在试图逃避责任或者你的忏悔是虚情假意的。

- 只有走到"强化学习"这一阶段，你才会对自己和你们的关系有足够的了解，从而能够做出真正意义上的道歉。

- 真正意义上的道歉的五个必要条件是：

1 承认你做错了事（例如，我不仅出轨，还欺骗了你和孩子们）。

2 对你的不当行为承担责任（我自私，只考虑了自己），不要解释，越解释，听起来越像在找借口。

3 对造成的后果负责（我伤害了你，没有采取适当的预防措施，将你的性健康置于危险之中）。

4 表示懊悔（真的很抱歉，我很惭愧）。

5 承诺永远不会再出轨并解释为什么（我决心不会再犯同样的错误。我决定星期五晚上不和同事们出去玩，我要早点回家）。

- 真正意义上的道歉会赢得另一半的原谅，使你们的关系向前迈进。

- 婚外情开始的时候，你们的关系已经存在问题＋沟通不畅＋

诱惑（第二章中提到的等式），那么今后，怎样解决分歧和争端？如何改善沟通？怎样抵制诱惑？与另一半好好讨论。

新技能：持续发展

回到第一章中概述的三个基本信念。伴侣出轨的重击曾一度摧毁了你的三个基本信念，那么现在变得如何？

1　世界是公平的。
2　我是有价值的。
3　世界是仁慈的。

在这个"强化学习"阶段，你认识到自己从对抗婚外情的战斗中学到了很多（无论过程多么不愉快）。你已经学会了在逆境中砥砺前行的本领，也掌握了一种赋予世界积极意义的方式，你的自尊心得到了显著恢复。你的婚姻从出轨的劫难中幸存下来的事实，能让你对自己的实力储备和对方的感情深度刮目相看，这些你可能以前没有意识到。你很快就明白自己的价值了。对于最后一个基本信念"世界是仁慈的"，我们很难赞同。我们自然希望生活是美好的，但也知道世间有战争、自然灾害和死亡。随着年龄的增长，我们要么改变童年时期黑白分明的世界观，变得圆滑和麻木；要么对现实的不完美视而不见，充耳不闻。我相信接受生活好坏参半的事实，会让我们更多地欣赏生活中仁慈的一面。这样，当我们遭遇生活的邪恶一面时，感受到的冒犯和伤害就会轻一些。最终，这些信念将使我们的生活更加美好、更加健康。

这一阶段的新技能"持续发展"指的是我们自身和婚姻关系的共同发展。我们相信，在《傲慢与偏见》中，伊丽莎白嫁给了达西先生；在《音乐之声》的结尾，玛丽亚和冯·特拉普男爵翻山越岭成功逃跑；在《诺丁山》中休·格兰特向茱莉亚·罗伯茨宣布他的爱时，他们的生活就像被冻结在幸福中——但这不是故事的全部。爱情是有生命的，不会静止不动，需要不断变化，否则就有可能陈腐，渐渐枯萎。这最后一项技巧就是不断更新你们的关系（听起来费心劳神，不像童话故事的结局那么怡然自得），但实际上，持续发展的爱情才是人生的奇遇，是世上最珍贵的礼物。

概　要

- 导致一个人出轨的两个主要原因"正当性"和"诱惑"已经被排除，伴侣们也学到了足够的知识，因此未来不太可能再出现这些问题。

- 外遇引发的所有问题和不确定性都已得到妥善处理，世界又变得美好起来。

- 出轨方已经做了真正的道歉，他们的伴侣也已经表示原谅。

- 宽恕是避免钻牛角尖，使生活变得轻松舒坦的好方法，也是你能指给自己的最好的出路。

- 此时，你还不确定接下来做什么，但你已经开始重新信任另一半了。

- 练习 -

我欣赏伴侣的哪些优点?

"所有的优点和努力都被对方视为理所当然,未受到应有的重视"是导致婚外情的常见原因之一。这项练习的目的就是从伴侣身上找出你欣赏的所有特征,这些优点以前不知何故被你抛在了意识雷达之外。

拿出一张纸,左边抄写下面的类目,然后在每个类目旁边写一些东西。不要考虑太多,只需要把第一想法写上,因为通常未经思考的想法才是最真实的。如果想不到,就跳过那一行,继续往下写。做完后,再回到没写的部分,写得越多越好。

你欣赏另一半的哪些特征呢?

1　性格

2　工作表现

3　作为父亲 / 母亲,与子女的关系

4　才艺技能

5　做家务活

6　做园艺活

7　外表体态

8   作为朋友很称职

9   处理实际问题的能力

10   对待感情问题的态度

11   对父母的态度

12   社交能力

13   与社区或邻里的关系

14   烹饪水平

15   运动能力

16   业余爱好

17   对待宠物

18   对待钱财

19   在逆境中的表现

20   灵性

如果你正在和伴侣一起阅读这本书，两个人都可以做这项练习，然后向对方展示，告诉你的伴侣，在你的心目中，他有多么了不起。

抬杠

这项练习的目的是改掉揪住一个问题争吵不休的习惯。

1 与其坚持自己的观点，不如换位思考一下，毕竟你已经厌烦了吵架。

2 这样的话，你的伴侣也会站在你的立场上看问题，从而尽可能支持你的观点。

3 让争论按照正常方式进行。

4 你可能忍不住开怀大笑或耍无赖，这不重要。一直在鸡毛蒜皮的事情上磨嘴皮子，你会觉得荒谬可笑。

5 争吵过后，谈一谈。你从伴侣提出的观点里发现了什么？有没有让你心服口服的地方？你错在哪里？你的看法有什么变化？

6 把这些新知识带到下一项练习中去。

寻求妥协

妥协是一种技巧，只要稍加练习，你就能学会如何停止争吵，找到一个双方都认可的有效解决问题的办法。请遵循以下三个步骤：

1 **搁置你先入为主的想法。**

· 检视你坚持的观点、遵守的原则和推崇的方案，然后问自己：它们对我有多重要？为什么？

- 是什么阻碍了你让步？你想赢吗？你觉得同意伴侣的意见是迫于压力（所以你会先勉强同意，事后再反悔）吗？
- 你们是在为原则性问题争吵吗？如果你希望伴侣所持的原则跟你一样，那就很难找到共同点。另一个问题是，一个人坚持的原则总是与其过去的经历相关，因此容易停滞不前。
- 清楚地了解是什么驱使你争论之后，在讨论问题的时候尽力做到不带任何成见。

2 安排谈话的时间。

- 找一个没有干扰，孩子们不在身边的时间和地点。
- 先倾听伴侣的意见。
- 如果你的伴侣很生气或者不屑一顾，你很容易以同样的方式回应。但是，试着把注意力集中到他传达的信息，而不是表达方式上。
- 总结对方的观点，让对方确认。这是为了防止错误的主观判断。
- 克制想要评价或反对对方观点的冲动。反对只会促使你的伴侣极力捍卫他的观点，使妥协变得更加困难。
- 更换角色，轮流说话，倾听彼此。

3　寻找解决方案

- 你们在双方都敞开心扉之前，是不可能找到解决方案的。

- 很多时候，妥协方案无效是因为一方表现得太强势或太急躁，另一方在压力之下被迫让步，而不是心甘情愿。

- 想出尽可能多的方案，即使听起来滑稽可笑也无妨。知道对方不赞同哪些方案，可能会给你们提供突破口。

- 在双方各自中意的选项之外，寻找其他的可能性。

- 讨论每个选项可能带来的结果，比较哪一个是最好的。

- 有时妥协就是放弃你想要的东西，有时是做交易（如果你做 x，我就做 y），有时两者兼而有之。

检 查 站

拥抱第七阶段"强化学习"的三个关键点：

1　通过欣赏伴侣跟你的互补性来平衡你们的关系。

2　宽恕能让你放下过去，与婚外情划清界限。

3　逆境使人成长，最有用的教训往往来自最黑暗的时期。

第八章

迂回、岔路和死胡同

Diversions, derailments and dead-ends

发现出轨

愈合伤口

好消息是，如果你们共同走过了疗愈情感创伤的七个阶段，大约六到九个月后，将迎来更深入、更理性、更充实的新恋情。发现外遇后已经过了一周年，你俩一起庆祝了生日、结婚纪念日、圣诞节等重要的节假日，现在终于可以合上婚外情引发的这一幕闹剧了。在恢复过程中，有时候你们会倒退一两个阶段（这种情况下，再次阅读该章节的内容会有帮助），但总体上还是朝着正确的方向前进。然而，某些情况会危及你们的经营成果，使你们的关系险象环生。最后一章是专门针对这些问题而写的。虽然婚外情已经结束，但如果你的伴侣还是不愿意或不能重新投入你们的关系，该怎么办？如果你们还是无法再度牵手，如何走完剩下的人生道路？本章最后以一个振奋人心的故事做结尾。

– 错过黄金窗口期，怎么办 –

我写这本书的假设前提是，你正在怀疑伴侣不忠或者最近确实发现了他的出轨行为。在第二章"步步紧逼的质问"中，我谈到发现外遇后的前六个月是黄金窗口期，是你的伴侣最有可能与你合作的时候。但是，如果你读本书比较晚，没赶上黄金窗口期怎么办？如果你的伴侣拒绝回应，怎么办？他可能会说"别提陈年往事了！"或者说"不告别昨天，怎么迎接明天？"

说实话，出轨的时间越早，问题就越难解决。桑德拉和杰罗姆结婚十年，非常美满，直到他有了外遇。尽管他们接受了咨询，但没能解决任何问题。在接下来的五年时间里，婚外情一直困扰着他们。当杰罗姆又与桑德拉的一个朋友建立不正当的友谊时，桑德拉明确要求他与对方断绝关系，但被背叛的旧伤还是复发了。他们一起来找我治疗时，两人已经分居。

桑德拉说："他甚至背着我买了一部手机，这样他就可以在我不知情的情况下和她联系。"

杰罗姆说："你又胡闹了。我们还能不能好好说话？我知道你随时翻旧账数落我。"

在咨询过程中，我们致力于消除杰罗姆的第一次婚外情留下的影响。然而，当我们开始讨论他和桑德拉的朋友的不正当友谊时，杰罗姆变得怒不可遏。他转向桑德拉："你到底有完没完？

你永远不会原谅我吗？"由于这对夫妇已经分居，在一起的时间很少，而且事实证明很难处理日积月累的不信任，所以我们结束了咨询。如果你的伴侣也是很久前出轨的，那该怎么办？

首先，不要动摇你的决心。来自纽约州立大学石溪分校的研究强调了解决婚姻不忠问题的重要性。他们对两组婚姻不和谐的女性进行了调查，一组经历过伴侣的不忠，另一组则没有。研究发现，伴侣出轨的女性抑郁或焦虑的可能性是另一组女性的六倍。

其次，把你的问题定格在此时此地，而不是一直寻根溯源。某种意义上，你们的关系等于已经经历了"震惊与怀疑""步步紧逼的质问""决策时间"和"希望"四个阶段，现在困在了"努力恢复正常"阶段。也许你很想回到"步步紧逼的质问"阶段，让伴侣解开关于婚外情的诸多疑团，但为时已晚。不过，你现在可以关注你们关系中的根本性问题，让隐患浮出水面。记住，要把注意力放在当下："为什么我们解决不了任何分歧？""为什么我们不能花更多的时间在一起？""怎样才能改善我们的性生活？"想要解答这些问题，请回顾上一章的练习，尤其是"寻求妥协"这一部分。

- 该怎么跟孩子说起 -

生儿育女会增强一对夫妻相伴一生的决心。但是，孩子们经常卷入父母的争执中，并偏袒双亲中的某一方。其实，大多是帮倒忙，会严重妨碍夫妻感情的愈合过程。

37 岁的凯瑟琳和 42 岁的尼克育有两个女儿，一个 17 岁，另一个 13 岁。凯瑟琳发现尼克有外遇后，决定全力以赴保住婚姻。凯瑟琳说："我读了很多关于婚姻问题的自助书籍，并在朋友们的帮助下渡过了难关。但是，我们不得不告诉两个女儿她们的父亲一度想要和另一个女人组建家庭的事实。她们自己也猜到了，因为有几次我忘记了时间，当她们放学回来时，还在厨房里哭泣。我会掩饰自己，装作没事，但她们不是看不见。"

这对夫妇之所以前来咨询，是因为凯瑟琳最近发现尼克给情人写了一封电子邮件。尼克说："我一直情绪低落，只是想知道她现在怎么样了，没别的意思。我爱凯瑟琳和我的两个女儿。"很快，我知道是什么让尼克情绪低落了。虽然他的妻子和小女儿愿意忘记过去，但大女儿却拒绝和他说话。

"她是爸爸的乖女儿，她可能是太失望了。"凯瑟琳解释说。即使尼克和大女儿单独留在车里，她也不会搭理他，除非简单回答一些问题，比如需要什么时间来接她。

尼克说："我试过哄她，但她很倔强，所以我觉得还是不惹她为好。"

凯瑟琳说："她像你一样固执。如果你再不赶紧和女儿搞好关系的话，我担心来不及了，因为她快要上大学了。"

尼克绝对是一个遇到事情喜欢冷处理的人，而不是爱提出问题的人。我们花了三周时间，讨论他应该何时以及如何解决女儿的问题。他特别担心跟她谈话会让情况变得更糟。"至少目前家里还算比较平静。"他忐忑不安地说。不过，当他对女儿的怒气表示理解，为自己给她和她母亲造成的伤害道歉，并强调自己多么爱她们时，她原谅了父亲。尼克和凯瑟琳终于可以着手修复他们自己的感情了。

那么，应该怎么跟孩子说呢？在我看来，婚外情的事儿尽量不说。如果你的孩子问起（因为他们能听到或观察到），想确认你们两个有没有问题时，告诉你的孩子这件事跟他们无关，而且你们正在努力解决。让他们对父母的婚姻问题保密是不太可能的。值得注意的是，如今的孩子们会在社交网站上发布这些信息，很快你的朋友圈甚至其他人都会知晓。

我的"尽量不说"原则也有例外。如果你的孩子很有可能从外界得知父亲／母亲有外遇，最好自己先告诉他们。怎么说取决于孩子的年龄。年龄偏小的孩子对婚外情一无所知，他们的理解是"妈妈／爸爸对另一个男人／女人太友好了"。青春期的孩子将被自己的性取向和是非界限所困扰，他们的思维往往非此即彼，对任何虚伪的现象都非常敏感。这就是为什么青少年最容易生气、表现出挫败感、不守规则或做出幼稚的行为。

虽然你们的婚姻关系才是咨询的核心任务，但一定要特别关心孩子的反应，无论他们处于什么年龄段。留意孩子的异常行为（比如表现得太成熟），并多安慰他们。如果你的孩子已经成年，你会对成年的子女吐露你们的问题吗？在把他们牵扯进你们的争端之前，也需要仔细考虑。他们虽已成年，父亲／母亲出轨的消息仍然会给他们带来一定程度上的不利影响。他们可能会想起童年时代的不幸，或者为自己的恋爱或婚姻关系担忧。

– 伴侣一直在找性服务者，怎么办 –

尽管卖淫被认为是最古老的行当之一，但直到近几年，才有相当多的夫妇在丈夫被发现花钱嫖娼后向我寻求帮助。虽然很难找到可靠的统计数据，但据《科学美国人脑科学》杂志估计，16% 的美国男性曾经嫖娼。此外，英国帝国理工学院和伦敦大学学院、伦敦卫生与热带医学院以及英国国家社会研究中心联合进行的一项研究发现，男性为女性支付性服务费的数量翻了一番，从 1/20 增加到了近 1/10。目前还没有女性向男性买单的数据，但坊间证据表明，这种现象也越来越普遍。

下面的故事来自我的案例手册，它说明了与嫖娼有关的不忠问题，并为处理这类不忠指出了方向。28 岁的安琪从丈夫的信用卡账单中发现了一些奇怪的费用，直觉告诉她需要深入调查。"我向他出示所有的证据时，他脸色变得煞白，马上承认自己曾六次在不同的场合找过三陪小姐。不过，我认为六次只是保守的估算，实际次数可能更多。"对此，她 31 岁的丈夫邓肯也没有表示反对。他只是点了点头，很害羞似的说："至少没有感情上的牵连，你知道我绝不会为了别的女人离开你。"像许多落入出轨陷阱的人一样，他也在用合理化和隔离区划的手段来尽量减轻自己的罪恶感。不过，在如何看待与性服务者发生的不忠行为的问题上，被出轨方表现出了显著的差异。他们的自尊心受到了很大的打击，安琪觉得自己"没用、丑陋、不够好"。他们也害怕感染性病，因此不太可能在发现不忠之后改善夫妻的性生活。"做爱时很难放松，因为我觉得他在拿我的身体和那些女人做比较。"安琪解释说。还有一个不同之处是，与普通的外遇相比，嫖娼私密性更大，被出轨方更羞于告诉亲戚朋友。

那么，如果你的伴侣与卖淫者厮混，该怎么办呢？"震惊和怀疑"的感觉会更严重，"步步紧逼的质问"阶段会拉得更长。了解你的伴侣为什么要买春是很重要的。造成这种情况的原因很复杂，从出差时的孤独感到单身派对，从儿时的性虐待到性上瘾，不一而足。即使是在夫妻关系最好的时候，谈论这种性行为也觉得难以启齿。你的伴侣很可能会因为尴尬，不想告诉你不雅的细节，并尽量把问题的严重性往小了说。然而，如果没有对方的彻底坦白，你很难就是否继续挽救你们的关系做出基于实情的选择。婚姻关系顾问不仅会帮助你和另一半坦诚交谈，也会指导你们尽量躲过真相带来的痛苦。如果你的伴侣拒绝参加，你自己去寻求帮助。

在安琪和邓肯的案例中，邓肯能够诚实地面对他的问题。我们探讨了性幻想在他的召妓冲动中所起的作用，以及他利用色情作品来缓解工作压力的方式。一旦邓肯学会了更好的应对机制，并重新认识"好"女人和正当性爱的重要性，他和安琪就能过上称心如意的婚姻。

– 伴侣婚外生子，怎么办 –

在30余年的婚姻咨询服务生涯中，我曾帮助过一些有私生子的夫妇。如果你陷入了这样的两难处境，那么疗愈创伤的过程将更加艰险，更加令人纠结。但是，你们的关系仍然有一线生机。那么，怎么应付这种情况？

首先要明白，凡事都得一步一步解决，心急吃不了热豆腐。先把注意力放在你们的关系上：你和伴侣的感情基础有多牢固？你们对彼此的感觉如何？你们还相爱吗？这些问题其实就是"决策"阶段的基本内容。把孩子的问题放一边，暂且不考虑，特别是还没有出生的时候。你可能想象你会有什么反应（也许你醒着的一半时间都在考虑这个问题）但实际表现会与想象大不同。不过，你得先检查你们的感情基础是否好到让你甘心接受这个"不速之客"。

　　阿利娅25岁，她的丈夫乔纳森40岁。阿利娅迷恋上一个同事后，这对夫妻暂时分手了。阿利娅怀上了情人的孩子，但和情人断绝了关系，和乔纳森一起前来寻求我的帮助。乔纳森以前结过婚，有两个十几岁的孩子，他们跟着母亲（乔纳森的第一任妻子）生活。阿利娅决定不告诉前情人孩子的事情。"这和他无关，他已经完全出局了。"阿利娅坚决地说。他们一走进咨询室，就开始问我：等孩子长大了，该怎么告诉他？如果他想寻找亲生父亲，该支持吗？如果是个女孩，谁会在她结婚那天牵着她的手走过红地毯？我不得不提醒他们阿利娅才怀孕三个月。我把问题的焦点缩小到眼前：他们应该告诉哪些人？乔纳森知道自己不是孩子的生父，那么家人和同事祝贺他再次当父亲时，他会做何感想？他们想让大家都知道这件事吗？在第二周的咨询时间里，这对夫妇决定将其他人分为两类。"我们要把真相告诉家人和亲朋好友，但我不打算向一个不太熟悉，只会在超市里偶遇的人解释事情的缘由。"阿利娅说。乔纳森也跟着开玩笑："我们管他们叫A组和B组。"做这个决定的过程中，他们得出了另一个问题的结论。阿利娅说："我们认为让孩子知道真相才是正确的做法。

我们和一位当收养社工的朋友聊过，她告诉了我们该如何处理这个问题。"

尽管我不得不把他们再次带回眼前的问题上，但他们开始共同处理难题的表现给我留下了深刻的印象，他们配合得确实很好。解决了关于孩子的疑问后，我们回到了他们的关系上。是什么让阿利娅不开心？她为什么受到诱惑？他们为什么很难好好沟通？其实，沟通是所有婚外情背后的共同问题。乔纳森和阿利娅都表示他们确实彼此相爱，想努力挽救婚姻。

女人有身孕的时候，是不适合做婚姻咨询的。强烈的情绪波动、激素水平的变化和孕期的疲惫会使治疗事倍功半。不管具体情况如何，我都建议七个月左右的时间里孕妇该好好休息。于是乔纳森和阿利娅停止了咨询，并约定好孩子出生后重新开始。不出所料，他们回来时，情况有很大改观。乔纳森的担心被证明是没有根据的，他和阿利娅所生的男婴建立了深厚的感情。"我以为我对这个孩子的感情会很复杂。从理智上讲，我知道孩子是无辜的，但他也会永远提醒我经历过一段难堪的时期。然而，当我看到他，抱着他时，一切隔阂都融化了，他成了我生活的一部分。我觉得自己就像他的亲生父亲。"

不过，阿利娅却遇到了问题。"不要误会我，我爱我的儿子，但直到他出生之后，我才真正意识到自己做了多么可怕的事情。"这种状态持续了几个星期，阿利娅和乔纳森终于消化掉这些未曾预料的感受，并准备好进入"强化学习"阶段。在这一阶段，我们发现年龄差距导致他们的关系变得不平等。阿利娅明白当夫妻之间有分歧时，需要找到建设性的方法来坚持自己的主张，而不是像叛逆的青少年一样赌气，更不能通过搞外遇来表达不满。结束咨询时，他们的关系变得比以前更稳固。

不可否认，阿利娅和乔纳森是幸运的，可以说完全不受孩子生父的影响。但如果第三者是孩子的母亲呢？凡妮莎和乔治的情况就是这样，我们在第六章中见过他们。在婚外情的最后几个月里，乔治的情妇怀孕了。虽然他承诺修复和凡妮莎的婚姻关系，但他觉得自己应该对这个新生儿负责，他想要参与孩子的成长历程。

凡妮莎发现，她在孩子出生前后的想法完全不同。"我本来想着要有同情心，不介意乔治看这个孩子，尽管我一点也不喜欢。但事实完全是两码事，要做到宽宏大量真的太难了。一想到他和那个女人说话或发电子邮件，仍然保持着暧昧的关系，我的心就揪成一团。"凡妮莎知道乔治真心想维护婚姻，但对第三者的动机，她还是放心不下。

在咨询过程中，我们花了很多时间来协商孩子的探视权问题。乔治必须做到把探视安排得完全透明，特别是情况临时发生变化时——照料婴儿经常发生突发状况。凡妮莎必须学会挑战自己的悲观想法。例如："我永远应付不了""永远不能"的证据是什么呢？"好吧，我只是暂时应付不了。"她改口。的确，凡妮莎仍然感到黯然神伤，但她已经能够把坏情绪控制在一定程度内。她必须开始积极沟通，而不是闹情绪，这样乔治才能理解她的感受，当他探望女儿回来时，也就不会感到不知所措。

如果你们的关系必须克服私生子的难题，请看以下几项基本准则：

努力消除所有剩下的秘密（这些秘密会使出轨方和第三者一直扯不清关系）。

出轨方不应该去第三者的家里，所有面对面的接触都应该在公共场所进行。

被出轨方会有无能为力或变成局外人的感觉。因此，出轨方应该主动提供信息，不要因为这些信息会令人不愉快或看似不重要而隐瞒。作为回报，被出轨方应该感谢伴侣，并在讨论问题之前试着平顺自己的感受。稳定的情绪能阻止被出轨方说一些日后会后悔的"狠"话，也能避免伴侣将说实话与自寻烦恼联系起来。

从长远来看，父亲和非婚生子女的关系只有两种选择。第一，他只履行对孩子的基本经济和法律责任。第二，他让妻子参与进来，把孩子带进自己的家庭，就像前妻所生的孩子一样。即使孩子无法融入父亲的婚姻家庭，父亲也不宜与孩子的亲生母亲共同抚养孩子。

最后一项准则让乔治很为难。当凡妮莎终于有勇气考虑去见乔治的女儿时，第三者却断然拒绝了。对此，我和乔治进行了一对一的谈话，这次他讲起了自己的内疚。

"我们曾商量过要私奔，一起开始新生活，所以她对我很失望。"那是不是意味着，他永远欠她的债？"她独自一人生活，所以我觉得我必须小心谨慎。"除此之外，乔治开始对女儿产生依恋，担心如果惹恼了孩子的母亲，就见不到女儿了。

从很多方面看，乔治仍处于三角恋外遇关系中——试图让两个女人都开心。我问他："当你护着第三者的时候，你觉得凡妮莎会有什么感受？"他伤心地回答："就像我还是把她（第三者）放在第一位，而凡妮莎是第二位一样。"最终，他不得不做出选择。如果他想维护自己的婚姻，那就必须告诉前情妇，他需要把凡妮莎带进孩子的生活中来。

- 余情未了，怎么办 -

我说的余情未了，指的是某人虽然与第三者结束了外遇关系，但还是通过共同的朋友、网络手段、珍藏外遇纪念品，甚至交"朋友"等方式保持着某种意义上的联系。余情未了者对前情人的态度仍然暧昧不明，他们会尽量看淡自己的行为可能产生的影响，并在内心深处为前情人划出一片特殊的、不可侵犯的空间。余情未了，让修复婚姻关系变得更加困难，甚至变得不可能，让夫妻长期困在努力"恢复正常"阶段。

回到凡妮莎和乔治的案例。乔治有正当的理由和小女儿的母亲沟通。不过，他对凡妮莎隐瞒了一些重要的情况，比如，他曾多次与前情妇互通电子邮件交流为孩子设立信托基金的事，但没有向凡妮莎提及这个计划。当他最终告诉凡妮莎时，她说："我并不是反对这笔信托基金。其实我们有必要一起探讨法律问题以及对我们自己的孩子的影响，但我还是完全被排除在外了。"她茫然地坐在我的办公室里，说不出话来。"你知道有事情发生了，但不知道到底发生了什么事。在某种意义上，这就像你发现这段婚外情之前的感觉。"我总结道。凡妮莎点点头，转身问丈夫："你还瞒着你的妻子，这会给那女人什么暗示？"

乔治沉默不语。但他很快补充道："我想，她可能以为还有一线希望和我在一起，其实没有。"虽然乔治讨厌"余情未了"这个词，但他不得不承认他的行为确实有这种倾向。他虽然停止了与第三者的正式恋情，但还是处处想着第三者，做出一些不理智、会破坏婚姻关系的举动。

如果你的伴侣对第三者也有余情未了的嫌疑，请回到第四章，读一读"安全第一"契约。

- 伴侣除了你谁都行，怎么办 -

在大多数情况下，当外遇被发现时，出轨方像突然从梦中惊醒一样，慌乱之下不会为自己找各种借口，而是马上就答应和第三者断绝关系，并向伴侣承诺婚姻为重。然而，事情并不总是那么简单。有相当一部分出轨方不想离婚，但也不确定是否继续维持婚姻关系。他们想要的是房子、孩子和安全感，而不想要妻子 / 丈夫。如果这是你的情况，我表示同情，仅仅被视为是"提款机"或"管家"是可怕的。我们都希望自己被爱，而不只是作为舒适生活的一个便宜的附加物。在这种情况下，很多人需要伴侣给个明确的态度："这样至少我可以继续过我的生活"，还要保持微笑，"我还不太老，肯定能找到真正爱我的人"。所以，迫使你的伴侣做出决定，不过在采取行动之前，最好先了解一下伴侣对你的爱为什么会动摇。

因精疲力尽而动摇

在冲突激烈的婚姻中，有吵不完的架，外遇被发现更是火上浇油。出轨方不敢面对问题，害怕引发新一轮的争吵。因此，他 /她很容易用"我不知道"来搪塞，一方面可能确实不好确定，另一方面是因为这种含糊的回答似乎能让自己好过一些。不幸的是，这会使你们的关系停在原地。每天应对伴侣无休止的、没有意义的反复质问，出轨方会越来越招架不住。

解决之道：暂时休息一下，分开一个周末或一个星期，给彼此养精蓄锐的机会。再见面后，安慰你的伴侣，让他明白你更愿意听到残酷的真相。但要改变旧有的沟通模式，给自己 24 小时来消化对方的答案给你的冲击，然后再做出回应。

因忧心忡忡而动摇

有些表面相敬如宾的夫妻会尽力避免起冲突，或者有分歧时不解决问题，而是采取委曲求全或置之不理的策略，而外遇的暴露就像向平静的湖面丢进一块石头，激起层层涟漪，不过很快又恢复平静。紧张的局势一旦缓解，这些夫妻也会假装什么事也没发生一样，回到老一套的生活模式中。出轨方内心深处能感知到不对劲，他不想再伤害另一半，但又担心自己经不住外来的诱惑。

解决之道：你应该读我的另一本书《幸福关系的 7 段旅程》然后再回来看看这本书中关于如何有效沟通的练习。

因不堪重负而动摇

如果问题能够单独出现，生活会轻松一些。遗憾的是，祸不单行，婚外情总是与丧亲之痛、中年危机、财务紧张、事业失败等严重困难一起登场。这些问题可能是外遇背后的根本原因，也有可能是外遇引发的后遗症。总之，这些接二连三的打击会让人感到不堪重负。

解决之道：对于那些在崩溃边缘挣扎的人来说，提出要求越发让他们难以承受。所以退后一步，给伴侣更多的时间，默默支持他渡过难关，再处理你们的关系。

无论你的伴侣是因为精疲力尽、忧心忡忡还是不堪重负而动摇了对你的爱，重要的是要相信感情可以再找回，你们还可以再次坠入爱河。所以请记住，你还有机会！你的伴侣可能只是暂时觉得走投无路。明确表示你准备为改善婚姻关系付出努力，但要先撤退六个月。在此期间，保持冷静，重新阅读第六章和第七章，以爱的方式处事。六个月过后，就可以重新审视你俩的感情，对未来做出更明智的选择。

－ 伴侣优柔寡断或冥顽不化，怎么办 －

前一节提到的情况是出轨方可能不清楚他想要什么，但至少他的计划里没有涉及第三者。最糟糕的情况（甚至比离婚还痛苦）是出轨方在伴侣和第三者之间来回穿梭，或者身在围城，但频频出轨（无论是精神上的，还是肉体上的）。

41岁的本杰明因乱放餐馆收据而被妻子发现有外遇。他的妻子索菲亚40岁，答应了他需要时间来妥善解决婚外情的请求，但还是要求他先搬走。几周后，本杰明回来了。他说："我非常想念孩子们，我租的公寓离这里太远了，不方便来看他们。"他还向妻子承诺会好好表现。然而，他仍然接听情妇的电话，当她的车抛锚时还去帮助她。在咨询过程中，他终于同意结束和情妇的一切联系。"我想她知道我在努力经营我的婚姻，但我没有跟她说太多，因为她很难过。"他又花了一个月的时间尝试断绝关系，但发现很难做到。他说："如果我能像按开关一样关掉我的感情，我一定会这么做。"咨询期间，本杰明三次离开妻子，两次又回来。咨询不是帮助做选择的好平台，在他决定自己到底想要哪一段关系之前，我无法帮助他，所以我们结束了咨询疗程。

塞巴斯蒂安46岁，结婚20年了。他发现妻子出轨时，这段婚外情已经持续了两年。他们正视了问题，为了十几岁的子女，同意改善婚姻，因为他们认为"让家人和朋友惊恐和失望才是最可怕的。"

一年后，塞巴斯蒂安在家中偶然发现了一部陌生的手机，并质问妻子。他在我的"英国人出轨情况"调查中写道："她的反应出奇的平静，声称自己早就收手了。事实并非如此，我有证据证明他们仍在继续。之前的两年我能忍，但糟糕的是发现她继续背叛我，还欺骗我，可能她不想放下婚姻，但善意的谎言终究还是谎言。有时候，我对未来充满希望，她天真的微笑让我想起过去的甜蜜。两人一起吃饭时，她说一声"谢谢"或讲一则夫妻笑话都能让我兴奋起来。做完后，我会疲惫地倒在床上，想着终于可以睡个安稳觉了。"但是，塞巴斯蒂安现在觉得自己无路可走："没有人知道现在的情况和这次背叛的严重性，因为我不想让孩子们难过。我妻子过着双重生活，而我却活在噩梦中。我多年前遇到的爱人已经死了，但如果我们的婚姻没有一个妥善的结局，我就无法对失去的一切说声再见，连感到悲伤的理由都没有。还好生活有积极的一面，那就是我和孩子们的关系很好，这方面我体验到了一种未曾意识到的深刻感受。我必须努力平衡我的生活，让它不至于倾翻。"

应对这类婚外情，我们首先需要了解三角形的承受力和耐久性。如前文（第三章）所述，工程师们经常在桥梁等大型建筑项目中使用三角形结构，因为三角形可以稳稳地承载重物。与之相比，一根大梁在同样的重量下会弯曲。明白这个道理是挣脱三角恋束缚的关键。你需要暂时退出，而不是希望或乞求伴侣做出改变，也不要着急发出最后通牒。短期内，你的伴侣可能会兴高采烈地扑进情人的怀里，但正如你将在下一节中看到的，他们的幸福生活不太可能长久。一旦三角关系被打破，婚外情不得不承受全部的压力，也会第一次经受柴米油盐的考验。然而，更重要的是，暂时离开会重新打造你内心的平静和自尊心。如果你的伴侣回来了，不能让他只带回"我要更加努力"的空头承诺。此时，你将强大到可以制定条件：今后不能再与第三者接触，一起去做婚姻咨询以及其他任何有助于恢复关系的事情。

－ 伴侣为了第三者离开我，怎么办 －

你的第一感觉可能是一切都已成定局：你的伴侣已经遇到了他生命中的"真爱"或者说是"灵魂伴侣"，他们会携手走到白头。但是，不要以为他们在一起就会很幸福。作为一个婚姻治疗师，我可以看到接下来会发生什么。40多岁的罗斯玛丽和30多岁的卢克的外遇关系就是典型的例子。对他们来说，过去的五年就像坐过山车一样刺激。罗斯玛丽的丈夫在婚外情发生两年后才发现了她的不忠，当时她答应要结束婚外情。她在我的咨询室里解释道："我真的试过了，但就是舍不得离开卢克。"她捏了捏卢克的膝盖，以表明情人对她很重要，但卢克转身离开了。显然，他很生气。

卢克说："我迷恋罗斯玛丽到茶饭不思的程度。一想到她丈夫在碰她，我就受不了。"

很自然，这段婚外情再度被曝光。罗斯玛丽说："我丈夫还是想保住我们的婚姻，但这是不可能的。不管怎样，那都是过去的事了，未来还有很多事情可以期待……"当她看到卢克脸上严肃的表情时，声音渐渐消失了。"我以为长痛不如短痛，只要离婚了，我们就会走出困境。"她继续说。但卢克打断了她："你觉得不甘心，对吗？"他的脸上写满了沮丧和心酸。那么，他们之间出了什么问题？

当婚外情变成公开的"秘密"时，会发生两种情况：第一，一些兴奋点会从这段关系中流失。人类是矛盾的生物。一旦我们可以随心所欲地做爱，欲望就会大大减少。禁忌的性行为像自带魔力一般让人感到兴奋和愉悦，使性欲大增，但长期婚姻关系需要良好的沟通和熟练的性技巧。由于大多数婚外情都建立在激情的基础上，一旦激情减弱，可能就会变得不稳固。

然而，第二个因素要重要得多：情人们渴望全天候的陪伴而得不到，因此短暂的相会显得弥足珍贵，以至于他们会忍受不同意见，几乎可以原谅对方的任何傻事，还能保持微笑。这种关系在短期内显得非常和睦，但是无法长久。卢克的怨恨始于罗斯玛丽的丈夫安排的去马尔代夫的度假旅行。她解释说："我是以朋友的身份去的，毕竟我让他承受了那么多，就当作赔罪道歉了。我至少能做到这一点。"

"他是想让你回到他身边。"卢克气愤地说。"好吧，好吧，他可能是有那种想法。但我事先已经说得很清楚，那是不可能的。"罗斯玛丽说。

"你知道你跟他走的那两周，我心里多难过吗？"卢克回击道。

"我做错了，我现在知道了。"罗斯玛丽无奈地说。

罗斯玛丽想和情人和解，但卢克不为所动。罗斯玛丽曾经试图让两个男人都高兴，但这次度假让她明白自己现在落得个里外不是人。卢克以前一直扮演善解人意的情人角色，以至于罗斯玛丽没有意识到他内心的痛苦。此外，当卢克决心要赢得罗斯玛丽时，他同意不生孩子。但现在拥有了罗斯玛丽后，他开始质疑这个决定。这就像是暗黑版的第六阶段"绝望：深藏的隐患浮现了"。

我试着给他们做了几周的咨询，但没有成功。大多数关系都有一个坚实的开端，困难时期可以从中获取储备资粮，但他们的感情建立在谎言上，因此并不可靠。卢克在结束咨询时说："我再也无法信任她，她对我撒谎的次数太多了。"第三者竟然说出了被出轨方该说的台词，听起来真的很奇怪。

伴侣的新关系发生"内乱"可能对你有利，但这并不意味着他会主动回到你身边。所以，不管发生什么，如果你仍然想挽救你们的关系，该怎么做？

1 做个现状调查。

评估关系的基础强度是很重要的。以下问题会提供帮助，对应的回答是从我的网站上摘取的，我针对这些答复在后面做了一些批注：

· 你们在一起多久了？

（回答："三年半。"）

一对情侣相处的时间不到四年时，我会很担心。因为当两个人开始陷入情网时，那种腾云驾雾般的迷恋会持续18个月到三年时间。在求爱初期，情侣之间的吸引力是极其强烈的，就像一种化学反应。在迷恋期，爱侣们希望每分每秒都不分开，如果无法做到，他们就会喋喋不休地向朋友谈论，甚至梦见心爱之人。在这个阶段，一个人几乎不能相信世界上还有比自己的爱侣更好的人，所以也就不会有朝三暮四的想法。当热情渐渐冷却后（这是不可避免的），建立一段长期关系的工作才真正开始。遗憾的是，随着迷恋感的消失，许多人误以为他们已经不再相爱了，有些人甚至开始寻找可以让自己再次体验这种快感的人。

· 你和伴侣之间有什么样的联系？

（回答："我们有过结婚的计划，想过未来孩子的名字、未来的房子。"）

可惜，这些联系只是建立在你对事情可能如何发展的信念上，而不是建立在事情必然发展的坚定事实上。被婚外情拆散的夫妻最有可能重归于好的前提条件是有孩子和共同财产。

- 你们复合的障碍是什么？

  （回答："我想念他的陪伴，他就像我唯一的家人。他信奉伊斯兰教，而我是一名华裔基督徒，但是为了他，我可以改变信仰。出于这个原因，我被父母赶出了家门，现在住在出租屋里。"）

  诚实地面对你自己的责任，你有没有可能克服这些障碍？

- 有没有人支持你？

  （回答："我几乎没有什么朋友，他是我最好的朋友。现在不能和他在一起，我感到非常孤独。我真的很无助！"）

  重要的是要意识到，你踏上了一段艰难的旅程，如果没有人提供实际的帮助和情感上的支持，情况会不容乐观。

2　记住，好关系需要两个人来维系。

在许多关系中，一方负责安排所有的共处时刻，而另一方却更愿意享受独处时间。这种两极分化会严重削弱张罗共同活动的一方的信心；他会觉得自己没有吸引力，永远都无法让对方满意。那么，如果这个人停止发短信、打电话和安排郊游等，会发生什么？要么关系彻底崩塌：孤掌难鸣，需要两个人才能经营好一段关系；要么有人弥补空档，开始主动打电话或试着安排一些共同活动。

暂时冷处理的另一个好处是，即使是短短几天，也会带来深思熟虑的机会。许多为了挽救感情而奋斗的人都会设定一些小目标，比如"如果我能说服他星期三一起去喝咖啡"或者"如果我能让她推迟搬出卧室的计划"。他们执着于将这些小梦想变成现实，却忽视了整个大局。他们自以为从伴侣的行为中读出了深刻而积极的意图，实际上，在对方眼里，喝咖啡只是喝咖啡，继续睡在卧室里只是嫌麻烦，而不是爱的宣言。如果没有短期目标，努力修复关系的一方就可以观察伴侣的整体行为（而不仅仅是获取一些选择性的快照），从而做出更加理性、周全的判断。

3　不要关闭其他选项。

虽然在个人危机期间仓促地开始新关系、换工作或搬到陌生地方是不明智的，但对新的经历保持开放态度是很重要的。因此，如果朋友提议一起去泡温泉、走奔宁步道或上一门成人教育课程，那就欣然接受吧。与其花大量的时间等待不一定打过来的电话，还不如出去散散心。也可以接受"约会"，新朋友会给你的生活带来新兴致，让你重新体验"单身贵族"的好处。

- 了断 -

虽然遭遇婚外情是痛苦的，但爱的纽带可以重新联结，你们有望拥有比以前更好的关系。然而，我是一个现实主义者。有些关系走下坡路的时间太长了，所有美好的期待都被辜负了，唯一理智的选择就是顺其自然。如果你发现伴侣是唐璜先生 / 小姐或者出轨是退出型的，那么最好别纠缠了，走为上策。

1. 结束关系

决定结束一段感情很难，更难的是坚持自己的决定。任何一段不成功的关系，也都有一些值得回忆的时光。当然，还会留下很多悔恨：如果我们……就好了（填上你感到遗憾的事情），要是……多好（填上你期待的事情）。有时候，一方下定决心离开的那一刻，另一方却立即改变模棱两可的态度下定决心拯救关系，但这并不是什么好事，结果就是"我是该留下，还是该走"的博弈重新展开。总有那么一两次，你考虑的所有选择、保持的稳定心态，变成水中捞月枉费心思，尤其是再三回到做决策的阶段时。（如果你还不能做决定，看看本章的练习"能再给爱一次机会吗？"）

劳伦和亚当在一起分分合合七年了。他们的关系始于亚当的前一次婚姻慢慢解体期间。尽管亚当三年前就已经离婚了，但他俩的关系仍然阴云密布。劳伦越生气，亚当就越抵触。更糟糕的是，他们开始互相推搡，甚至殴打对方。

劳伦抱怨道："要是他能让我一个人静一静就好了，我就可以继续过我的生活了。""我会的。但你为什么一直打电话跟我说什么'我的车子坏了'之类的？"亚当反驳道。接着他跟我说："我会去帮忙，然后我们一起聊天或者做爱。"就像变魔术一样，他们的关系马上好转了。然而，没有什么根本性的变化。几周后，甚至只过几个小时，新一轮的争吵又把他们推回旧循环中。

他们的关系已经变得很有危险性，我给他们预测了事态发展的严重程度，并规劝他们正式分手。最终做出分手决定后，他们都感到了解脱。劳伦说："直到现在，我才意识到自己承受了多大的压力。"亚当补充说："现在我们完全明白各自的立场了，这样一身轻松了。"

2. 体面

很多决定分手的夫妇，一开始都会承诺继续做"朋友"。然而，在最糟糕的时候最需要保持清醒的头脑。你如何克服自己变卦呢？当一对感情破裂的伴侣想好聚好散时，下面这条适用于任何关系的黄金定律就变得尤其重要了："你想要别人怎样对待你，你就要怎样对待别人。"以你想要被对待的方式对待你的伴侣。如果你很体贴，你的伴侣也会以礼相待。如果你试图找麻烦，报复或有"破罐子破摔"的想法，几乎可以肯定的是，对方也会用以牙还牙的方式回应你。攻击和反击的螺旋式上升意味着分手很快会从文明走向野蛮。

如何避免这个陷阱呢？首先要了解分手的决定将如何戏剧性地改变你的观点，所以做好心理准备。玛莎和克莱夫都30多岁，有一个年幼的孩子。他们来接受咨询的目的是该挽救还是该结束他们的关系。在第一个疗程中，我们寻找共同的未来时，克莱夫显得犹豫不决，总是说"我不知道"或"我很困惑"。虽然玛莎很生气，但她一般都能控制住脾气。在经历了一个特别难熬的周末后，这对夫妇似乎比以往更疏远了。在接下来的咨询中，他们做出了决定。玛莎说："我们想和和气气地离婚，这样以后还可以做朋友，现在似乎是最好的时机。"克莱夫当即赞成："再拖下去，我们可能会记恨对方，这对我们的女儿不好。"于是，我们进入第二阶段的咨询，开始讨论分手的问题。然而，事到临头，克莱夫又开始犹豫不决，说自己拿不定主意。这时，玛莎的反应完全变了。她没有恼羞成怒，而是变得尖酸刻薄。他们做不成朋友，反而开始互相辱骂。在这一节的咨询里，令我惊讶的是，他们从朋友变成了敌人，这到底是为什么？

即使是处于危机中的一段关系也有保护层。一般来说，大家都希望得到最好的结果，并试着以积极的或至少是中立的态度来解读对方的行为。当一对夫妇决定离婚时，双方都会担心对方会怀恨甚至报复，并为这种负面假设寻找证据。像"我不知道"这样的回答在决定分手前本来可以被解读为"他可能不希望和我分手"，但是一旦玛莎把玫瑰色的眼镜换成负面信息的放大镜时，就会变成"他甚至不给我一个明确的答复"。同样，"我很困惑"这句话原本只是心理活动的描述，但现在有了完全消极的意涵："他在隐瞒什么？"这就是玛莎和克莱夫的关系迅速恶化的原因。

3. 哀悼逝去的爱

婚姻关系的结束像极了一场丧礼。即使也有值得庆祝的地方（比如逃离一个不尊重你、虐待你或贬低你的伴侣），但免不了梦想的失落和希望的破灭。这些损失都需要得到认可和悼念。然而，我们的社会文化使我们羞于承认失败，也不愿说出失落感。我们对苦痛的本能反应就是想尽办法尽快摆脱，但是有些办法只会导致得不偿失的后果。因此，与其借酒消愁、疯狂购物或服用止痛药，不如花点时间去了解哪里出了问题，然后散散心，好好休养。（请看第六章的练习"哀悼逝去的爱"。）

4. 找回自我

婚姻关系开始时，一对夫妻必须从两个独立的个体转变为一种伙伴关系。为了共同生活，夫妻整合各自的才能，比如一方做饭，另一方修理家里的物件。在更深刻的层面上，一个人会理性看待问题，而另一个人会关注情绪。这种团队建设意味着我们向合作关系投入个人特有的才能：我擅长理财，你擅长解决孩子们的纠纷等。为了让伴侣感受到被需要，我们常常故意忘记一些特殊技能，或者因常年不用而"手生"。

列一份清单，记下你的原配负责的所有任务以及你曾经做过的事情。先看看你的清单，承认自己是一个足智多谋、才华横溢的人。然后看看伴侣的清单，在你遇见他之前，这些事情你做过吗？你可以重新找回哪些技能？如果清单上有你难以搞定的任务，比如修车，从哪里找到给你做这些活的人？他们是有偿服务还是好心帮忙？

5. 尝试新事物

结束一段感情令人悲哀，但它也会带来新奇的体验。不要因为时间不好打发而郁闷（日常生活中的这些空白曾经是被伴侣共处时间填满的），不如找找尝试新事物的机会。问问自己：我以前有什么兴趣爱好，但从来没有培养过？因为我的原配不太支持，或者只是因为缺乏时间。

49岁的蒂法妮一直想探索自己的歌唱天赋。"我丈夫的工作很忙，这意味着我们的夫妻时间不仅有限，而且难以掌控，所以我很难提前做任何计划。离婚后情况变了，我可以随意安排自己的时间了。儿子在上大学，女儿通过了驾驶考试，他们都长大了。我没什么事可做，所以加入了一个合唱团。我发现唱歌不仅有趣，而且能认识到新朋友。"俱乐部和社交活动场所是结交朋友的好地方。社交活动并不都以相亲为目的，你完全可以体验人群中独自美丽的乐趣。

尝试新的关系会怎么样？虽然别人觉得你有魅力可以增强你的自信心，但仓促开始一段新恋情是不明智的。这样做有可能把旧的包袱带进新的关系中，而且你需要给自己一段时间适应巨大的变化并了解自己。此刻看对眼的人，六个月后再看可能就不那么完美了。不过，约几次会或处一段轻松自在的"迷你"关系（聚在一起玩乐）可能是发现真爱的好方法。

- 积极的结局 -

如果你们的关系已经无可挽回，那么你可能认为这段经历不会带来任何好处，但下面的案例会告诉我们苦难可以成为通向美好未来的跳板。罗萨莉的未婚夫在两人开始交往后的第一年就出轨了。她说："我很伤心，和他吵了一架后，乘飞机去荷兰，和我的父亲和哥哥住在一起。他尽管从未和我母亲见过面，但还是去找了她，并问到了我在荷兰的住址。于是，他飞到荷兰来找我。我打开门看到他时，吓了一跳。他跟我说他爱我，并说了很多讨人欢心的话。我感到受宠若惊，居然有人爱我到千里迢迢来找我。"他们开始同居，四年后结婚了。"我们在一起的 17 年里，我多次发现他在撒谎。他的表情会有轻微的变化，肢体语言也会有所不同。他是一名乐师，和乐队一起在世界各地巡回演出。他一回到家，我会翻看他的钱包，寻找电话号码、收据或者在女人身上花钱的各种证据，每次我都能找到。有一天，我收到一个大包裹，是他参与巡演的那个流行歌手的经纪公司寄来的，里面装满了几百封写给他的情书。每封信都写了一段和他相恋的故事：一些女人恳求他离婚，和她们一起生活，有些则绘声绘色地描述了他们的性爱细节。有一个女人甚至给我的小孩送了礼物。我还会经常收到匿名信或匿名电话。有时，朋友会打电话来告诉我他在干什么。有一次，我哥哥看到他和别的女人在一起，那个女人用婴儿车推着我的儿子（当时我正在上班）。每次我都原谅他，但是自己被伤得体无完肤，这差点毁了我。"罗萨莉和丈夫的关系陷入了一种循环模式。"我会查出他最近的风流韵事，然后去那女人家里大闹一场。我会对他大喊大叫，每次他都假装深感羞愧，并请求我原谅。接下来的几天我不理她，他会给我买一件首饰或带我去度假，哄我开心。没几天，我就会原谅他，还庆幸我们没有分开。"这段婚姻的结束花了很长时间。"我再也不想原谅他了，但我仍然希望奇迹发生让我不再想离婚。我对这个男人忠贞不渝，但他却不择手段地摧毁我的自尊。最后，我被掏空了，没有什么可以给予的了。我不想让孩子们因为我的软弱而受苦，我的两个孩子小的 5 岁，大的 9 岁。看着熟睡的他们，我终于鼓起勇气做出决定，慎重思考了自己想要什么样的生活。有几次，我想再给他一次机会。然而，我接到了一个朋友的电话：我嫂子离开了我哥，搬去和我丈夫住在一起了！这件事给我的婚姻棺材钉上了最后一颗钉子。难道他一直在我的眼皮底下和我的亲戚乱搞？奇怪的是，我已经不在乎了，一切都结束了。我如释重负！"无论如何，罗萨莉的故事有一个圆满的结局。"他离开三个月后，我去上学了。我通过了三门 A Level 考试①，并获得了学位，这是我家的第一个学位。我今年 48 岁，在一家跨国公司当部门主管。对于一个缺乏自信的人来说，现在的境况已经很不错了，因为我一度需要服用镇静剂才能出门。"

我的最后一条消息会让你感到乐观。虽然你可能觉得前路漫漫，道阻且长，但离婚的人通常比从未有过长期关系的人更容易

---

① 英国高中课程，也是英国学生的大学入学考试课程。——译者注

找到爱情。尤其是如果你和伴侣有过几年的快乐时光，那么你已经掌握了重要的相处技巧。只需要投入点时间和努力，你就能做好再度高飞的准备。

给出轨方的寄语
处理并发症

- 如果你一直不能放弃第三者，或者背着另一半继续保持联系，那么你们的恢复过程就会变慢或完全停滞。

- 如果你意识到了自己的错误并想维护婚姻，那么应该设身处地地为另一半着想，了解背叛对他造成的伤害有多深。

- 如果你对第三者余情未了，就不要再通过与情人保持"朋友"关系等借口，试图旧情复燃。余情未了者常出没于职场，因为即使没有真正意义上的出轨行为，但仍然有业务方面的交往。所以，再送你一句警告：常在河边走，哪有不湿鞋。想办法消除与前情人的哪怕是最微小的互动，用培养新爱好、锻炼身体、学习新知识或改善与伴侣和家人的关系等来填补生活中的无聊时光。

- 赢得另一半的原谅需要时间，期望不要太大、太快。

- 想一想你需要做出哪些改变，才能让你们的关系恢复正常。也许你的伴侣对未来不抱希望，但不尝试永远都不会成功，坚持一段时间看看效果。

- 聆听伴侣内心的悲痛，不要打断，不要解释，不要请求宽恕，也不要声明未来的忠诚。问一些问题，用心感受他受到的伤害，并承认你所造成的后果。

- 如果你能下决心改变、耐心倾听，就有望在"希望"阶段就能疗愈出轨的心理创伤，修复关系。

新技能："既往不咎"与"超然物外"

我从 20 世纪 80 年代开始为伴侣们提供咨询。那时，客户们从来没有提到"既往不咎"这个词语。然而，这些年来，有这种想法的人越来越多了。是什么带来了这个变化呢？有些人认为，了解发生的事情及其原因，或者做出一些象征性的举动（比如去找第三者争吵或烧掉伴侣的衣服），就可以把出轨的杀伤力封印。我担心的是，许多既往不咎的人寻找的是一条快速摆脱痛苦的途径。他们只想查探问题的表层（通常是关于伴侣的，而不是自己的），不去深究就一跃而过修复关系的所有痛苦行程。我也不知道"既往不咎"是否真的有可能。特别是当两个人有太多的共同经历时（有了孩子）试图否认这段历史是错误的。我们的目标最好是把过去融进一个全新的未来中。

既往不咎和不忠有什么关系？既往不咎似乎意味着把往事一

笔勾销，重新开始，因此听着非常诱人。可是，尽管原谅是可能的，也是可取的，但你想忘记就能忘记吗？应该不能。遗忘意味着如果你的另一半再次出轨，你可以在不去了解或不追究责任的情况下继续生活。所以，我们的终极目标应该是超然物外。这个词的意思是超凡脱俗和置身事外。假设你遇到第三者后，并没有被愤怒和嫉妒所吞噬，而是无动于衷，不在乎他穿什么或做什么，或者只是略微感兴趣，那么你就真正成功了。伤痛可能还在，但你完全不受影响。你能对婚外情做到超然物外，我的工作也就完成了。

概　要

- 在婚姻关系的康复路上，时不时会发生倒退，甚至有一些问题（如子女卷入父母的争端并偏袒其中一方）可能会导致严重的"脱轨"事件。
- 外遇被发现后，着手处理问题的时间越迟，感情隔阂就越难弥合。
- 如果伴侣已经停止了与第三者的交往，但仍然不想致力于修复你们的关系，这是个不利条件，但你们还是有可能合好。

- 如果伴侣在你和第三者之间徘徊不定，请记住，三个人会组成三角恋关系——你不必成为其中的一员。

- 如果你的另一半离开了，确实会大大减弱你们复合的可能性。但七个阶段仍然有效，只是最后一个阶段的重点转变为了解你自己，你需要什么样的未来以及如何独自疗伤。

- 练习 -

能再给爱一次机会吗？

　　如果你的伴侣在"绝望"阶段或者在你有机会真正处理你们的关系之前和第三者一起玩消失的话，你很难再相信他会回心转意。那么，你应该如何回应他"再给我一次机会"的请求呢？

- 给自己一些思考的时间。不需要马上回复。

- 想象一下你答应他后的情形。从他刚回来时开始，把镜头慢慢往前移动，第一周会是什么样子？一个月后变成什么样？一年后呢？尽可能地充实每个场景。如果你的想象充斥着冲突和旧矛盾，我觉得前景令人担忧。如果你无法展望长期的未来，我同样会担心。

- 为什么这次会不一样？仅仅打发走第三者是不够的。做出改变才能使你们两个的感情重新复活。

- 你的底线是什么？每个人都有一些不能让步的基本原则。我有一个客户坚决要求她的丈夫回到卧室，而不是单独睡在备用床上。我也建议客户坚持"安全第一"契约。不要把这些底线藏在心里，和另一半商量并听听他的底线是什么。

- 缺点是什么？有哪些重要的禁忌情况需要考虑。你的伴侣是否专横跋扈、控制欲强或喜欢指使人？你们能开诚布公地交谈吗？你的伴侣有严重的酗酒、吸毒或赌博问题吗？你在考虑再次尝试激情的性爱吗？对于已经分居甚至离婚的夫妇来说，在卧室里再度缠绵一番是非常普遍的（作为告别仪式，而不是为了重筑感情基础）。尤其是如果你的伴侣已经和第三者住在一起，却偷偷溜出来和你做爱，我劝你再想一想。为了报复第三者而这么做，不是拯救你们关系的好方法。

- 姑且相信他是认真的。如果已经顺利通过了前面所有的要点，但你仍然心存疑虑，那应该寻求婚姻咨询。与咨询师一起合作，你很快就会发现另一半是否真情实意且尽心竭力地在努力。

再度树立自信心

这项练习特别适用于伴侣在恢复关系的过程中不愿配合的人，不过对其他夫妇也有帮助：

1　人无完人。

每个人都会犯错，都会做一些让自己后悔的事情。想一想朋友或家人：他们有哪些好的品质和坏的品质？他们的缺点会阻止你爱他们吗？你对能给予自己同样的同情心吗？

2　对你所拥有的一切心存感激。

当我们将要失去某件珍贵的东西或害怕失去它时，这件东西变得如此令人向往，以至于使其他一切都黯然失色。所以，列出生活中其他有价值的东西：孩子、家人、有趣的工作等。

3　认同你的才能。

你擅长什么？其他人看重你的哪些优点？试着写下五条。如果很难想到，问问朋友们。

4　优雅地接受赞美。

我们的长辈和社会文化从小教导我们"骄兵必败"，告诫"枪打出头鸟"，因此我们视谦虚为美德，轻视自己的优点和成就。当有人称赞我们的衣服漂亮时，我们会说"哪里？这件衣服很旧了！"当工作中有人夸奖我们处理复杂问题的能力时，我们会说"过奖了，这没什么了不起"。下次，优雅地接受赞美，说声"谢谢！"并在你的才能清单中加上"衣品好"或"组织能力强"等评价。

5 **坚持原则。**

当试图挽救婚姻关系时，许多人会强迫自己适应伴侣。然而，迁就的范围可能涉及接受违背我们核心价值观的事情，日子一久，我们会觉得自己很卑贱。给自己划一道红线，不要越界，这是恢复自信的重要一步。

6 **帮助他人。**

赠人玫瑰，手有余香。为别人做好事是让自己快乐的最好方法之一。

7 **给自己设立新的挑战。**

在你的舒适区之外定下一个稍微难一点的目标，实现它会大大增强你的自信心。

8 **假装坚强。**

在你还未真正恢复自信之前，先假装一下，过不了多久你就会变得从容不迫。

检 查 站

应对"迂回、岔路和死胡同"的三个关键点：

1　修复情感的道路必定是迂回曲折的。这很正常，
　　并不意味着你们的关系在劫难逃。

2　如果你的自尊心正遭受践踏，做个战略性撤退吧。
　　不要为一棵树放弃一片森林。

3　保持开放的心态。不要刻意追求自以为"完美"
　　的解决方案。